Ute Guzzoni

Zuweilen nichts Besonderes

– Wolken Bäume Sterne –

VERLAG KARL ALBER

Die Deutsche Nationalbibliothek verzeichnet diese Publikation in der Deutschen Nationalbibliografie; detaillierte bibliografische Daten sind im Internet über http://dnb.d-nb.de abrufbar.

1. Auflage 2024

Publiziert von
Verlag Karl Alber – ein Verlag in der
Nomos Verlagsgesellschaft mbH & Co. KG
Waldseestraße 3–5 | 76530 Baden-Baden
www.verlag-alber.de

Gesamtherstellung:
Nomos Verlagsgesellschaft mbH & Co. KG
Waldseestraße 3–5 | 76530 Baden-Baden

ISBN (Print): 978-3-495-99165-7
ISBN (ePDF): 978-3-495-99166-4

DOI: https://doi.org/10.5771/9783495991664

Onlineversion
Nomos eLibrary

Inhaltsverzeichnis

Einführung

Hegel hat am Ende der Vorrede zur zweiten Ausgabe seiner *Wissenschaft der Logik* den Zweifel geäußert, „ob der laute Lärm des Tages und die betäubende Geschwätzigkeit [...] noch Raum für die Teilnahme an der leidenschaftslosen Stille der nur denkenden Erkenntnis offen lasse". Der Zweifel könnte heute vielleicht ein noch tiefergehender und darum beunruhigenderer sein. Unter anderem – z.B. durch das Entstehen der die Beziehungen der Menschen zueinander radikal verändernden Neuen Medien – haben die Verhältnisse seit Hegels Zeiten auch dadurch einen qualitativ anderen Charakter bekommen, daß sie in unseren westlichen Ländern zu von den Menschen jeweils selbst mitzubestimmenden, demokratischen geworden sind. Zum „lauten Lärm des Tages" gehören insofern auch die politischen, unser weltweites Zusammenleben betreffenden Probleme.

Ein Blick auf die Gegenwart bezeugt unmittelbar, daß diese eines im wörtlichen Sinne radikalen Neubedenkens und Neuordnens bedarf, die nicht als bloße „Geschwätzigkeit" und Eitelkeit abzutun wären. Wie steht es also mit der „Teilnahme an der leidenschaftslosen Stille der nur denkenden Erkenntnis"? Bedeutete diese den Rückzug auf einen verantwortungsfernen Elfenbeinturm? Gibt es nicht drängendere Fragen als die nach der im Folgenden zu befragenden „Besonderheit von Einzelnen"? Etwa nach den mannigfaltigen ethischen Fragen, die von den gegenwärtig bestehenden Kriegen aufgeworfen werden, z.B. nach dem Recht der Individuen und Staaten auf bedingungslose Selbstverteidigung oder auf der anderen Seite nach der Pflicht des unbedingten Beistands? Oder nach einer gerechten Verteilung der Güter auf der Erde? Oder danach, welche Rolle die Klimaprobleme im Rahmen der die Menschheit betreffenden Gegenwartkrisen spielen? Es gibt heute eine Vielzahl von Philosophen, die ihre „zeitgemäßen" Untersuchungen diesen und ähnlichen Grundfragen unserer gegenwärtigen Verhältnisse widmen und damit implizit den Anspruch erheben, über die „nur denkende Erkenntnis" hinauszugehen.

Und doch: Ich denke, daß uns all jene berechtigten Problemstellungen zurückführen müssen auf eine umfassende Grundfrage, nämlich die nach der Weise, wie wir als Menschen grundsätzlich auf oder *in der Welt sind* und d.h. letztlich *sein wollen.* Erst wenn wir uns darüber klar geworden sind, können wir uns auf die Veränderungen einlassen, deren ein gewandeltes „menschlicheres" In-der-Welt-Sein bedarf. Die Frage nach unserem Verhältnis zur Welt stellt uns heute, so scheint mir, vor die entscheidende Alternative, ob wir einer zu begreifenden und zu bearbeitenden, also zu beherrschenden Welt der Geschehnisse und Dinge gegenüberstehen oder ob wir uns als Teile und Mitspieler eines Weltganzen verstehen, in das wir uns einfühlen und mit dem wir mitgehen.

Angesichts der Situation, in die uns – jeden einzelnen Menschen bis hin zur Erde insgesamt – die Prinzipien der Herrschaft und Ausbeutung, der Ausrichtung auf Macht und Profit gebracht haben, handelt es sich im Grunde nicht mehr um eine Alternative. Ich denke, es ist evident, daß die Menschen lernen müssen, die Rolle des selbstherrlichen Subjekts gegenüber einer zum bloßen Objekt degradierten Wirklichkeit aufzugeben. Wir müssen lernen, uns in eine Welt des Gemeinschaftlichen, der aufeinander bezogenen, zueinander Sprechenden und aufeinander Hörenden zurückzustellen.

Wie sind wir in der Welt? Wie begegnen uns die Dinge und Begebenheiten der Welt? Ich gehe davon aus, daß *ein* Moment hiervon die Erfahrung des Begegnenden *als eines besonderen Einzelnen* ist. Seit über hundert Jahren haben sich philosophische Reflexionen kritisch darum bemüht aufzuzeigen, daß das Begegnende *nicht* den Charakter eines für sich allein bestehenden Individuums hat und daß es nicht das bloße Exemplar einer begrifflich repräsentierbaren Allgemeinheit ist. Daß es vielmehr stets in Beziehungen und Konstellationen mit anderem steht und begegnet.

Jedoch heißt das nicht, daß das Einzelne nicht *auch* ein je Besonderes, für sich Bestehendes wäre, dann nämlich, wenn es einem wahrnehmenden, erfahrenden Blick als ein solches begegnet. Dieser kann Besonderes fokussieren, sich um Einzelnes kümmern und bekümmern, er kann sich auf ein Bestimmtes aus einer unbestimmten Vielzahl richten. Er läßt sich dann jeweils auf eine enge oder lockere Kommunikation mit dem ihm gegenüber Anderen ein. Der Wahrnehmende begibt sich in einen Austausch mit jenem, läßt sich von ihm etwas sagen oder zeigen, zwischen ihnen entsteht eine Relation des gegenseitigen Gebens und Nehmens.

An die menschliche Kommunikation mit Besonderem will ich in diesem Buch am Beispiel von einigen sehr unterschiedlichen Einzelnen erinnern: eine kleine Wolke, ein Baum, ein Stern, überhaupt durch die Sinne Wahrnehmbares wie z.B. einzeln Hörbares in der Nacht, die spezifische Besonderheit des Ich, Vögel, das Besondere in japanischen Haiku oder die Besonderheit im gewöhnlichen Alltag.

Also etwa die Wolke: Zufällig war da, ungeheuer oben am Sommerhimmel, eine kleine, weiße Wolke. Sowohl in der Wirklichkeit wie im Gedicht von Brecht „bedeutet" es nichts Besonderes, daß sie da war und daß es eine Wolke war. Brecht hat mit wunderbarer Leichtigkeit aufgezeichnet, wie er an einem Tag im „blauen Mond September" eine bleiche junge Liebe im Arm hielt bzw. wie er sich Jahre später erinnert, dabei eine kleine Wolke am Himmel gesehen zu haben. Die Wolke gehört als diese besondere unaufhebbar in das Bild und erscheint dort doch ganz zufällig, – ein Spiel des Zufalls, des Zufallens, ein Beiherspielen.

*

Die „partizipatorische Erfahrung" zwischen dem Menschen und dem ihm begegnenden Besonderen, den (zum Teil) instinktiven Austausch zwischen beiden, hat man auch als ein Phänomen der *Magie* bezeichnet. Das Verständnis des menschlichen Umgangs mit den ihn umgebenden Dingen als Magie steht allerdings in der Gefahr, Assoziationen und Implikationen festzuschreiben, die der offenen Situation widersprechen. Es werden Dimensionen des Religiösen, Übernatürlichen, eben Magischen angesprochen, die über das Sich-ansprechen-Lassen durch ein jeweiliges Besonderes, um das es mir zu tun ist, hinausgehen.

Wie der Hinweis auf das Magische wäre auch der auf das „Romantische", Idealisierende, in diesem Sinne „Subjektive" irreführend. Die Problematik der Begegnung zwischen menschlichem Wahrnehmen und besonderem Einzelnen steht sachlich *vor* der für die abendländische Tradition führend gewordenen Trennung zwischen Geistigem und Sinnlichem, damit zwischen Begrifflichem und Empirischem und so dann auch zwischen scheinbar „Objektivem“ und scheinbar „Subjektivem“. Zwar gehört zu dem Hören und Sicheinlassen auf das Andere, je anders Begegnende maßgebend das, was wir im Deutschen mit dem viele Nuancen umfassenden – und darum schwer in andere Sprachen zu übersetzenden – Wort *Sinnlichkeit* bezeichnen. Aber dieses Sinnliche ist eben nicht das abgetrennte, den Menschen auf eine überschwängliche, irrationale Seite reduzierende Sichverlieren in den oder das Andere, sondern es bedeutet eine durchaus nüchterne Interaktion.

Wie Kommunikation mit dem je unterschiedlichen, besonderen Einzelnen möglich ist und was das genau heißt, ist ein Geheimnis, dem wir uns nur annähern, das wir aber nicht zur Gänze lösen können. Eine Schwierigkeit besteht darin, daß wir geneigt sind, dem „Gegenüber“, dem Anderen, uns Begegnenden in dieser Begegnung entweder zu viel oder zu wenig an Eigenheit zuzusprechen. Wenn wir von ihm sagen, daß es zu uns spricht, uns antwortet oder auch Fragen an uns stellt, müßte es dann nicht so etwas wie eine Art Bewußtsein, sogar einen eigenen Willen haben? Was wäre diese Eigenheit oder wenigstens die Option, von sich aus etwas auszudrücken, also auf irgendeine Art zu uns zu „sprechen“? Können die Dinge das auch ohne unser Zutun? Spricht eine beliebige, nie von einem Menschen gesehene Blume, eine beliebige, nicht wahrgenommene Wolke, ein beliebiger Stern im Weltall auf eine je eigene Weise? Und zu wem? Zur „Welt“? Oder bleiben sie notwendig stumm? Das kann ich letztlich nicht beantworten.

Die Dinge, die uns begegnen, könnten rein theoretisch entweder ihr je eigenes Schicksal haben, unabhängig von dem, der sie erfährt. Oder sie könnten umgekehrt ohne den sie Wahrnehmenden gar nichts, nämlich nichts irgendwie Bedeutsames sein, sie wären vielmehr ganz und gar Beliebiges, sogar letztlich Nichtiges, jedenfalls nichts So- oder So-Seiendes. Ihr „Schicksal" hätten sie allein durch ihr Wahrgenommen- bzw. Behandeltwerden. Ein Stein am Wegesrand, eine kleine Muschel unter unendlich vielen anderen am Strand, das „Mücklein", das „in der hellen Sonnenglut" spielt, – haben sie etwas mit dem vorübergehenden Menschen zu tun? Oder gäbe es auch diese Möglichkeit nur, wenn jener weiß, daß es so etwas wie Steine, Muscheln, Mücken gibt, daß und wie sie jeweils da sind?

Ich denke, daß wir von einem menschlichen „Zutun" ausgehen müssen. Die „bloße Subjektivität", wie sie teilweise in der abendländischen Tradition, da, wo es darum ging, die reine Objektivität der Gegenstände zu überwinden, angenommen wurde, überzeugt jedenfalls nicht mehr – u.a. darum, weil sie unserer Erfahrung widerspricht. Wir sollten vielmehr ein „Zwischen" anerkennen, das zugleich ein „Miteinander" ist, an dem wir *und* die Dinge unserer Welt teilhaben. Der Blick auf eine vertraute Landschaft zeigt uns nicht nur ein Konglomerat von geographischen Tatsachen, sondern eine Konstellation von einzelnen, für uns je auch für sich bedeutsamen – und d.h. uns „ansprechenden" – Dingen: den Kirchturm der kleinen Backsteinkirche, die Wiesen mit ihren schwarzen Kühen, das Gelb der kürzlich gemähten Felder, der durch den Weinberg aufwärts führende Weg, der dem Gehenden mühsame Anstrengung abverlangt.

Die Bedeutung einer Mit-Ermöglichung durch den Menschen wird einsichtiger, wenn wir statt der Natur-Beispiele Menschengemachtes, im weiten Sinne Technisches wählen: Eine Tüte Reis im Supermarkt-Regal, eines der Millionen Fahrzeuge, die Volkswagen jedes Jahr rund um den Globus produziert, eines der unzähligen Smartphones, die z.Z. weltweit im Gebrauch sind, – jeweils „Exemplare", die kaum allein wegen einer jeweiligen individuellen Eigenheit der Einzeldinge relevant zu nennen sind. Sie alle sind irgendwie „durch den Menschen", sind für seine Bedürfnisse hergestellt, bemessen sich in ihrem Wert durch den Gebrauch, den Menschen von ihnen als Besonderen machen und den sie auf dem Markt gewinnen.

Sie können jeweils eine besondere Bedeutsamkeit für einen Menschen gewinnen, jene Bedeutsamkeit, die Rilke zeit seines Schaffens – vom *Malte Laurids Brigge* bis zu den *Duineser Elegien* – besungen hat (obgleich er meine Beispiele abgelehnt hätte). Damit sie zum Leben erwacht, bedarf es einer Reihe von unterschiedlichen Umständen, eine bestimmte Situation der Konstellation von Ding und Mensch muß gegeben sein. Der Reis muß zunächst überhaupt angebaut, geerntet und für den Verkauf verfügbar gemacht werden. Und es muß da jemand sein, der expliziten Bedarf an Reis hat und die finanzielle Möglichkeit, ihn zu befriedigen. Der Reisgenuß kann dann ein durchaus besonderes Ereignis sein. Vielleicht weil eine Lebensmittelknappheit herrscht, weil jemand aus gesundheitlichen Gründen lange keinen Reis mehr essen durfte oder weil er mit jemand zusammenlebte, der Reis verabscheute. Wie dem auch sei, – wie auf der einen Seite eine Option der Befriedigung eines Bedürfnisses besteht, so gibt es auf der anderen Seite eine ausdrückliche Empfänglichkeit dafür. Dadurch ergibt sich ein Raum des Aufeinandertreffens oder Zueinanderkommens, in dem die Reiskörner ihre Köstlichkeit entfalten, der Essende seinen Genuß gerade dieser Speise hier und jetzt voll auskosten kann. Alle anderen Reisgerichte auf der Welt – wie etwa auch auf dem Teller des beliebigen

Tischnachbarn – bleiben in dieser Situation nichtssagend und bedeutungslos.

*

In diesem Buch will ich Beispiele der Begegnung und Erfahrung von Einzelnem (oder auch mehreren aufeinander bezogenen Einzelnen) aufzeigen und diese in ihrem jeweiligen Ein-Besonderes-Sein nachzeichnen. Ich verstehe das nicht als Kritik an der Besinnung auf Konstellation, Welthaftigkeit und Beziehungshaftigkeit, vielmehr als deren Vervollständigung oder auch Weiterführung. Auch wenn wir etwas in seiner Verflochtenheit und Vernetzung mit anderem wahrnehmen, genauer, wenn wir es überhaupt nur als Verflochtenes und Vernetztes wahrnehmen können, wenn es also Einzelwahrnehmung im strengen Sinne gar nicht – oder nur in künstlicher bewußter Abstraktion – gibt, *kann* uns doch das Einzelne als ein Besonderes, sich von anderem Abhebendes, ja zuweilen sogar als ein Isoliertes begegnen.

Das Besondere ist ein Einzelnes aus einer Mehrzahl bzw. Allgemeinheit von Gleichartigem. Es kann aber auch in dem Sinne besonders sein, daß es z.B. darum auffällt, weil es sich in spezifischer Weise von anderem seiner Art unterscheidet. Es kann bunter, schönklingender, größer als anderes – also ein *Besonderes* sein. Immer handelt es sich dann auch um *etwas Besonderes* in dem hier vor allem gemeinten Sinn. Beide Weisen von „besonders" widersprechen sich nicht, sondern ergänzen sich eher. Im Folgenden lassen sie sich oftmals kaum unterscheiden.

Das besondere Einzelne begegnet uns als Besonderes, wenn wir für seine Besonderheit offen sind. Diese Offenheit kann von sehr verschiedener Art sein und die Begegnung einen je unterschiedlichen Charakter haben. Auch wenn das traditionelle abendländische Denken seinen Gegenstand gewöhnlich gerade keinen einzelnen sein ließ – weil sie ihn nur als ein Exemplar einer übergeordneten *species* begriffen hat, für die er Beispielcharakter haben kann –, hat es dabei in gewissen Fällen doch auch ein, wenn auch nicht näher als solches reflektiertes Verstehen eines besonderen Einzelnen gegeben, z.B. und vor allem in der Gotteserfahrung. Das will ich hier nicht weiter verfolgen. Mir geht es um jene Erfahrung des besonderen Einzelnen, für die es in der metaphysischen Welterkenntnis streng genommen keinen Raum und keine Offenheit gab.

*

Die kleine Wolke ist nichts Besonderes, sie ist ganz unscheinbar, zufällig taucht sie am Septemberhimmel auf und vergeht wieder. Gleichwohl hat sich dieses Flüchtige, fast Nichtige als ein Besonderes in das Gedächtnis eingeschrieben.

An den Vögeln läßt sich gut ablesen, daß das Einzelne und Besondere auch in einer Mehrzahl gesehen werden kann. Der Blick auf einen Schwarm von Staren ist als solcher keine allgemeine Erfahrung, sondern das Erlebnis eines Besonderen.

Ein Haiku evoziert oftmals ein Besonderes. Aber es isoliert dieses nicht für sich, sondern es stellt es zurück in einen situativen, u.a. jahreszeitlichen Zusammenhang. Ein Weltaugenblick scheint auf – und ist doch nichts Besonderes.

Unser je eigenes Ich ist uns das Besondere schlechthin, unaufhebbar, solange wir sind. In unserer Sterblichkeit sind wir uns zugleich seiner radikalen Dieshaftigkeit und Gewißheit wie seiner Angrenzung an das Nichts bewußt.

Trotz der scheinbaren Unendlichkeit der Sterne können besondere unter ihnen eine eigene Bedeutung gewinnen. Hier zeigt sich deutlich die Doppeldeutigkeit des Wortes „besonderes". Der besondere Stern hebt sich ab, weil er *besonders* ist und eben darum eine besondere Bedeutung für uns hat.

Das Besondere ist häufig auch ein Besonderes in dem Sinne, daß es sich qualitativ von anderem unterscheidet, oft über dieses hinausragt, auch wenn es nichts Besonderes ist, daß es Besonderes gibt.

Der als besonderer wahrgenommene Baum läßt sich in seiner Eigenheit erfahren, auch wenn diese eigentlich nichts Besonderes sein muß. Oftmals erscheint er als einsamer, eben weil er sich in seiner Abgegrenztheit von seiner Umgebung allein als sich selbst herausstellt.

Meistens denken wir an Substantielles, wenn wir von Besonderem sprechen. Und doch erfahren wir ebenso Eigenschaften, Situationen, Geschehnisse als besondere, sinnlich wahrnehmbare, z. B. besondere Düfte, besondere Geräusche.

So können wir auch einzelne Strukturen als besondere Ausschnitte aus einer größeren Gesamtheit heraussehen, wofür ich eine Reihe als Beispiele ausgewählt habe.

Die kleine weiße Wolke

An jenem Tag im blauen Mond September
Still unter einem jungen Pflaumenbaum
Da hielt ich sie, die stille bleiche Liebe
In meinem Arm wie einen holden Traum.
Und über uns im schönen Sommerhimmel
War eine Wolke, die ich lange sah
Sie war sehr weiß und ungeheuer oben
Und als ich aufsah, war sie nimmer da.

Seit jenem Tag sind viele, viele Monde
Geschwommen still hinunter und vorbei
Die Pflaumenbäume sind wohl abgehauen
Und fragst du mich, was mit der Liebe sei?
So sag ich dir: Ich kann mich nicht erinnern.
Und doch, gewiß, ich weiß schon, was du meinst
Doch ihr Gesicht, das weiß ich wirklich nimmer
Ich weiß nur mehr: Ich küsste es dereinst.

Und auch den Kuss, ich hätt' ihn längst vergessen
Wenn nicht die Wolke da gewesen wär
Die weiß ich noch und werd ich immer wissen
Sie war sehr weiß und kam von oben her.
Die Pflaumenbäume blühn vielleicht noch immer
Und jene Frau hat jetzt vielleicht das siebte Kind
Doch jene Wolke blühte nur Minuten
Und als ich aufsah, schwand sie schon im Wind.

(Bertolt Brecht)

Wenn ein Liebesgedicht ein Gedicht ist, das aus Liebe und/oder über die Liebe geschrieben wurde, ist dieses Gedicht sicherlich kein Liebesgedicht. Eher ein Anti-Liebesgedicht. Vielleicht könnte man es ein *Gedicht auf eine Wolke* nennen. Es sagt, daß die Erinnerung an diese größere Beständigkeit haben kann als die an eine flüchtige Liebesaffäre. Aber auch diese Bestimmung ginge m.E. schon zu weit. Mir scheint, daß Brechts Gedicht so gelesen werden kann, daß es gar keine allgemeinen, keine symbolischen oder sonstwie bedeutsamen Aussagen machen, vielmehr nichts anderes will, als eben die Erinnerung an die kleine weiße Wolke aufzeichnen. Die implizierte Liebesgeschichte – auf welches Geschehnis sie sich auch beziehen mag – wäre eher als eine Nebensache zu sehen.

Brecht nannte das 1920 auf einer Eisenbahnfahrt ins Tagebuch niedergeschriebene Gedicht zunächst *Sentimentales Lied No. 1004*. Die Zahl 1004 soll auf die Zeile aus der Registerarie in Mozarts *Don Giovanni* hinweisen: „Ma in Ispagna son già mille e tre"; mit den 1004 wolle der Dichter Don Giovannis 1003 Liebschaften in Spanien übertrumpfen. In die selbe Richtung weist ein im Tagebuch anschließend angeführtes „Zitat" eines offenbar fiktiven „Geh.Rat Kraus", demgemäß „der Mann" „im Zustand der gefüllten Samenblase in jedem Weibe Aphrodite" sehe. Beides bezeugt, daß es sich hier jedenfalls nicht um „die Erinnerung an eine vergangene Liebe, die Brecht in das berühmte Bild von der vergehenden weißen Wolke gefasst hat" (Wikipedia), handelt.

Tatsächlich ist im Gedicht nirgendwo von einer „Geliebten" die Rede. Ihre Supposition hängt damit zusammen, dass Brecht diesem Gedicht in der Folge den Titel *Erinnerung an die Marie A.* gegeben hat. Entsprechend wurde es dann auch mit Selbstverständlichkeit in Brechts Liebesgedichtsammlungen aufgenommen. Das forderte zu den verschiedensten philologisch-historischen Zurechnungen heraus. Brecht spricht im Gedicht jedoch selbst nur von einer „stillen bleichen Liebe“ und von „jener Frau“. Es fragt sich, wieviel Gewicht man einem später eingesetzten Titel beimessen muß. Ich weise nur daraufhin, daß Brecht z.B. sein Gedicht *Der Pflaumenbaum* später unbenannt hat in *Der Birnenbaum*, ohne daß sich dadurch die Aussage des Gedichts im geringsten verändert hätte.

Es ist erstaunlich, zu wie vielen, einander teils widerstreitenden Interpretationen die Voraussetzung, Brecht wolle mit diesem Gedicht einer vergangenen großen Liebe ein Denkmal setzen, geführt hat. Ich zitiere hier zwei, durch den Text selbst nicht gedeckte, ja ihm widersprechende Deutungen: „was bleibt, ist allein die Erinnerung an den großen Moment der Liebe“, heißt es im Wikipedia-Artikel *Erinnerung an die Marie A*. Und Marcel Reich-Ranicki wird im gleichen Artikel zitiert: „Nur durch die Liebe zu Marie könne der Poet sich an die Wolke erinnern“.

Mir geht es hier allein um die Weise, wie die kleine weiße, in Minuten im Wind verschwindende Wolke in Brechts Gedicht erscheint. Ob Brecht beim Schreiben an eine bestimmte Frau gedacht hat – und mit welchen Gefühlen –, erscheint mir als unerheblich. Ich enthalte mich deshalb jeder über die Erinnerung an die Wolke hinausgehenden Deutung des Verhältnisses von Liebe und Wolke. Auch eine Behauptung wie die folgende „Die Wolke figuriert in Brechts Gedicht als *simulacrum* des menschlichen Gesichts.“ (Jochen Vogt, a.a.O.) geht, so meine ich, weit über das im Gedicht Gesagte hinaus.

*

Es gibt sehr verschiedenartige Wolkengebilde – leuchtende Abendwolken, dräuende Gewitterwolken, langsam dahinziehende Wolken und stürmisch sich auftürmende Wolkenbänke, Wolken, deren Formen an wilde Tiere, an Ungeheuer, an Schlösser erinnern, Wolken, die zeitweilig den nächtlichen Mond verdecken, winzige Wolkenfetzchen im Blau des Sommerhimmels, Wolken, die zum Träumen anregen und die uns mit sich dahinzuziehen scheinen. „J'aime les nuages ... les nuages qui passent ... là-bas ... là-bas ... les merveilleux nuages!", so träumt Baudelaire mit Worten in *Le Spleen de Paris*. Brecht schreibt in *Der Schuh des Empedokles* von ihnen:

> [...] Langsam, wie Wolken
> Sich entfernen am Himmel, unverändert, nur kleiner
> werdend
> Weiter weichend, wenn man nicht hinsieht, entfernter
> Wenn man sie wieder sucht, vielleicht schon verwech-
> selt mit andern
> (Svendborger Gedichte, III Chroniken)

Und dann gibt es eben auch jene duftig kleinen Wölkchen, die aus Nichts heraus erscheinen und wieder zergehen.

Im Gedicht heißt es über die kleine Wolke, daß sie im schönen Sommerhimmel war, „sehr weiß und ungeheuer oben", und daß sie „von oben her" kam. Sie war zunächst minutenlang zu sehen und dann auf einmal nicht mehr da. Da sie von oben kam, kam sie nicht aus der Ferne in langer Zeit herübergeschwommen, „kleiner werdend, weiter weichend," sondern sie fügte sich aus der Sommerluft selbst zusammen, segelte eine kurze Zeit am Firmament vorbei, um sich sodann wieder in Nichts aufzulösen.

Aristoteles hat einen schönen Begriff geprägt: *kata symbebekos* – wörtlich übersetzt: in Hinsicht auf das Zusammen- oder Hinzufallende. In der Begriffsgeschichte wurde es in Ontologie und Grammatik zum *Akzidens* in der Bedeutung von Eigenschaft oder auch von Zufälliges festgeschrieben. Die reine Wortbildung scheint mir offen für ein weiteres Verständnis zu sein: Hegel hat den Ausdruck „das Beiherspielende" gefunden. Dem Wortsinn nach meint es ähnliches wie die aristotelische Bildung: etwas, das neben etwas anderem vorkommt, irgendwie mit diesem zusammengehört, ihm aber gleichwohl nicht wesentlich, also ihm gegenüber ein Eigenes ist.

Ich denke, daß man zunächst einmal sagen kann, daß Brecht die Wolke in einem solchen wörtlich genommenen Sinne als beiherspielend erfährt, – oder auch nur empfindet. Bei der innigen Umarmung unter dem jungen Pflaumenbaum begibt es sich zugleich – spielt es beiher –, daß sich oben am Himmel eine kleine Wolke sehen läßt. Dann allerdings, in der Erinnerung, bekommt dieses „beiherspielend" eine das Verhältnis fast umkehrende Bedeutung. Die Wolke ist nicht mehr nur „über uns im Sommerhimmel", d.h. zufällige Zutat des Ereignisses der Umarmung, sondern ... Ja, was ist sie dann oder darüber hinaus? Sie mutiert nicht zu einem eigentlichen Geschehnis, sie bleibt beiherspielend, die metaphysische Tradition würde sagen: unwesentlich. Und doch erweist sie sich auf die Dauer als das bleibend Wahrgenommene und damit auch Erinnerbare. Und beinahe erscheinen jetzt die einstmalige Umarmung und ihre Küsse als ihrerseits beiherspielend zu der nebenbei wahrgenommenen Wolke.

*

Der Versuch, sich auf das zu besinnen, was damals war, führt zu einer vagen Erinnerung. Ja, da war etwas, – aber nichts, was sich aufgrund seiner besonderen Bedeutung festgesetzt hätte. Eigentlich ist das unbedeutsame Geschehen der flüchtigen Affäre nicht ins Gedächtnis eingegangen. Es bliebe im dunklen Schacht der Erinnerung, wäre es nicht gewissermaßen mit einem Marker versehen, der weißen Wolke in der Höhe des Himmels.

Dabei hatte es im Grunde nichts auf sich mit dieser Wolke. Sie war sogar beim nächsten Aufblicken schon „nimmer da". Doch ihr Verschwinden gehörte, damals in der Realität wie heute in der Erinnerung, zu dem, was sie ausmachte: Es handelte sich um die Wahrnehmung einer erst daseienden und dann im Wind verschwindenden bzw. verschwundenen Wolke. Vielleicht hätte es z.B. auch eine kahle, tote Astgabel sein können, die Brecht im Baum über sich bei der Umarmung nebenbei aufgefallen wäre. Dann hätte es kein Verschwinden gegeben, wie es für die kleine Wolke charakteristisch war. Vielleicht wäre dann, nach „vielen, vielen Monden", die eigentlich viele Jahre waren, die Erinnerung an den schwarzen, kahlen Ast im grünen oder sogar blühenden Pflaumenbaum, an Totes im Lebendigen, das Entscheidende gewesen, an dem sich das aufgerufene Denken an den Kuß festgemacht hätte. Das ist zweifellos eine ganz müßige Überlegung; ich will mit ihr nur darauf hinweisen, daß es in diesem Gedicht keineswegs um die Flüchtigkeit der Liebe oder etwas ähnliches zu tun ist, sondern eben um das Faktum der zufälligen Wahrnehmung der kleinen weißen vergänglichen Wolke, eine Wahrnehmung, die nicht einmal zu einer Erfahrung im eigentlichen Sinne wurde.

Das *kata symbebekos* Seiende ist – wie das *accidens* – auch das Zufällige. Zufällig war da, ungeheuer oben am Sommerhimmel, eine kleine, weiße Wolke. Sowohl in der Wirklichkeit wie im Gedicht „bedeutet" es nichts, daß sie da war und daß es eine Wolke war. Brecht hat mit wunderbarer Leichtigkeit die Begebenheit aufgezeichnet, als er an einem Tag im „blauen Mond September" die bleiche junge Frau im Arm hielt. Die Wolke gehört unaufhebbar in dieses Bild und erscheint dort doch ganz zufällig, – ein Spiel des Zufalls, des Zufallens, ein Beiherspielen. Daß das *kata symbebekos* Seiende später, nach Aristoteles, als Zufälliges verstanden wurde, kann auch besagen, daß es nicht notwendig auf eine zugrundeliegende *ousia* bezogen sein muß, auf etwas, *an dem* es vorkommt. Die Wolke ist selbst ein Zugrundeliegendes, ein selbständiges Etwas. Die Wolke ist selbst da, – wie ihr Weiß, ihre Flüchtigkeit, ihr Obensein und auch ihr zufälliges Zusammenfallen mit der Umarmung unter dem Pflaumenbaum da sind, sich begeben, jedes für sich und doch geheimnisvoll aufeinander bezogen. Sie deuten nicht, und sie bedeuten nichts.

Aber sie haben den Charakter, daß sie im eigenen Selbstsein bei Anderem dabei sind. Ihr Eigensein hat sich mit diesem Anderen in das Bewußtsein des sie Wahrnehmenden eingeprägt, ohne darum eine eigene, für sich bestehende Bedeutung zu haben. Nicht, weil „die eigentliche Erinnerung" „der Wolke, nicht der Geliebten" gälte. (Albrecht Schöne in Wikipedia, *Erinnerung an die Marie A.*) Und natürlich auch gerade nicht, weil nur durch die Liebe zu Marie der Dichter sich an die Wolke erinnern konnte, wie Reich-Ranicki schreibt. Der ehemalige Liebhaber sagt ausdrücklich, er könne sich nicht an das Mädchen, zumal nicht an ihr Gesicht, *erinnern*. Er *weiß* nur, daß es da so etwas wie eine Affäre gab, vielleicht nur den Versuch einer Affäre –, jedenfalls einen Kuß.

Brecht gebraucht in den beiden letzten Strophen das Verb *wissen* fünfmal, etwa „Und doch, gewiß, ich weiß schon, was du meinst." – „Die weiß ich noch und werd ich immer wissen." Ich denke, daß hier ein merkwürdig unausdrückliches Wissen ins Spiel kommt. Es ist gerade nicht das gewohnte „Wissen über", „Wissen von", „Wissen um", oder „Wissen, daß, warum, wie". Wissen mit dem bloßen Akkusativ wird alltäglich eher selten verwendet, im Sinne von „kennen", etwa den Weg, das Neueste, die Lösung wissen. Auf die meisten definitorischen Kennzeichen des üblichen Wissens – z.B. Gewißheit, Wahrheit, gerechtfertigte Überzeugung – kommt es hier weniger an, es ist wohl eher einem Wissen verwandt, wie etwas sich verhält oder funktioniert.

Dennoch begegnet das Wissen in dem Gedicht noch auf eine weitere Art. Der frühere Liebhaber weiß, als er darauf angesprochen wird, irgendwie noch, daß es da in seinem Leben etwas derartiges gab. Doch das „gewiß", mit dem er das zugibt, drückt gerade keine Gewißheit aus, sondern betrifft eine blasse, unbestimmte Erinnerung. Dies ist kein Wissen, das, der ursprünglichen Wortbedeutung nach, ein explizites Gesehenhaben und darum Gewißsein ist, keine Vertrautheit mit dem Inhalt des Gewußten, noch weniger ein Sich-Verstehen darauf impliziert. Wie die junge Frau aussah, daß sie, wie Brecht damals an Neher schrieb, „weiche, feuchte, volle Lippen in dem blassen, durstigen Gesichtchen" hatte, das hat er längst vergessen. Er hat nur die vage Erinnerung daran, daß er das Mädchen geküßt hat.

Gleichwohl gibt es diese Erinnerung. Das Bild der kleinen weißen Wolke taucht wieder auf. Ihr Wissen ist unbegründet und unverbürgt, eine unmittelbare Evidenz.

Obgleich das Ganze viele Jahre her ist, das Mädchen längst zur Frau und vielleicht Mutter geworden ist und die Pflaumenbäume möglicherweise längst abgehauen oder aber auch in voller Blüte sind, steht sie klar vor seinem inneren Auge – sie ist gleichsam ein Bestandteil seiner selbst geworden. „Die weiß ich noch und werd ich immer wissen". Sie hat sich ihm unreflektiert eingeprägt in einer – mit der ihr eigenen Augenblicklichkeit kontrastierenden – Zeitlosigkeit. „Doch jene Wolke blühte nur Minuten/ Und als ich aufsah, schwand sie schon im Wind."

Eine sich zufällig bildende und wieder auflösende kleine Wolke am Sommerhimmel. Eine Begebenheit ohne Sinn, jedenfalls ohne „tieferen Sinn". Über viele Lebensjahre hinweg findet das unerhebliche Wissen der Wolke vielleicht eine Entsprechung in dem heiteren Wissen, das ein Amselgesang auslöst:

> Als ich in weißem Krankenzimmer der Charité
> Aufwachte gegen Morgen zu
> Und die Amsel hörte, wußte ich
> Es besser.
> [...] Jetzt
> Gelang es mir, mich zu freuen
> Alles Amselgesanges nach mir auch.
>
> (Bertolt Brecht, Gedichte 1947–1956)

*

Noch eine Bemerkung zu der schönen ersten Zeile. Nach dem Brief an Neher können wir vermuten, daß Brecht in dem 1920 geschriebenen Gedicht die Begebenheit von 1917, als er „die junge, bleiche Liebe" im Arm hielt, im Blick hatte. Im Jahr 1917 war der September in der Tat ein *blauer Mond*, d.h. ein Monat, in dem es zwei Vollmonde gab, am 1. und am 30. September. Ob Brecht dieses Phänomen und die astronomische Bezeichnung dafür kannte, läßt sich wohl nicht mehr eruieren.

Besonderheit bei Vögeln

Vieles sehen wir im Plural, die Bäume im Wald, die Wolken am Himmel, die Menschen auf dem Markt. Meistens können wir unser Augenmerk dabei auch auf das Einzelne richten, vielleicht sogar auf mehrere Einzelne, die vielen Einzelnen, die doch zusammen als *ein* Besonderes erscheinen.

Ich denke an die Schwalben, sowohl die auf einem Telegraphendraht aufgereihten, lebhaft vor sich hin schwätzenden wie auf die fliegenden, in der Luft hin- und herschwirrenden. Seit längerem verbringe ich meine Zeit mal in einem Dorf im ligurischen Norditalien, 350m über dem Meer, mal in einem Dorf im Hexental, südlich von Freiburg, in unmittelbarer Nachbarschaft zu einem Bauernhof, mit dem Blick auf Wiesen, Wälder und Weinberge. Schwalben gibt es – von Ende März bis Mitte September – hier wie da: In Italien sehe ich sie morgens von meinem Bett aus auf den dicken elektrischen Kabeln, die dort immer noch oberirdisch zwischen den Häusern verlaufen; ich sehe sie dort sich niederlassen, schwätzen, wieder auffliegen, den Platz tauschen.

Im Hexental sehe ich sie dagegen nur in der Luft; sie haben ihre Nester unter Dächern im Dorf und in den letzten Jahren auch an unserem Haus, wo ich sie aber nur hören kann. Telegraphendrähte zum Niedersetzen wie in früheren Zeiten gibt es hier kaum noch. Vom frühen Morgen bis zum späten Abend sehen wir, wie sie hoch oben in der Luft fliegen und schwirren. Im Spätsommer sammeln sie sich in Scharen, bevor sie in den Süden aufbrechen.

Erstaunlich ist, daß man in ihren Flügen keine Ordnung feststellen kann. Weder im einzelnen Flug noch in ihrem Miteinander. Alle fliegen durcheinander und über- und untereinander. Nur selten sieht man zwei eine Strecke lang wie spielend miteinander fliegen, und sie erinnern dann an die Schwalben auf den berühmten Fresken von Santorin. Aber schnell haben sie sich wieder getrennt. Das einzig gemeinsam Gerichtete in dem Durcheinander scheint der jeweilige Flugimpuls zu sein. Hoch oben kommt eine über das Dach geflogen, um über dem ausgehenden Tal in immer wieder abgebrochenen Kreisen hin- und herzufliegen, mal höher, mal tiefer. Dann kommen zwei, drei, dann immer mehr. Aber jede wirft sich auf ihre Weise in die Luft, überläßt sich den Luftströmen, ohne sich, soweit wir sehen können, um die anderen zu kümmern. Bis sie, jede für sich und doch alle zusammen, wieder in Richtung Dorf verschwinden.

Eine alte Weisheit von Aesop, die zum Sprichwort geworden ist, sagt, daß *eine* Schwalbe noch keinen Frühling macht. Aber die erste Schwalbe bleibt auch nicht lange allein. Zum Schwalbe-Sein gehört es fast, daß sie zu vielen sind, – und sei es als Paar während der Brutzeit und dann an- oder abfliegend zum Nest, während die Kleinen laut der Fütterung entgegenpiepsen. Und doch nimmt man sie, ähnlich wie z.B. die auch sehr häufig plural auftretenden Krähen, gleichzeitig als einzelne Vögel wahr; man bewundert den eleganten einzelnen Flug, man verfolgt, wie sie sich einzeln – scheinbar mit seligem Vergnügen – in die Luft werfen und dabei akrobatische Volten und waghalsig aussehende Abstürze vollziehen. Denke ich an Schwalben, so sehe ich trotz ihrer Pluralität diese besonderen Bilder vor mir.

Am Meer sieht man oft eine einzelne Möwe am Strand, auf der Erhöhung eines Pfahles, einer Ansammlung von Strandgut. In Seemannsliedern werden sie besungen: „Kleine Möwe, flieg nach Helgoland …“. Möwen erscheinen zuweilen als besondere, einzelne, etwa auch, wenn sie durch ihr Kreischen die Beachtung einzeln auf sich ziehen. Daneben gibt es aber auch große Ansammlungen, in Häfen am Kai, wenn sie den Fischkuttern auf See folgen, heute auf den strandnahen Müllkippen. Hier kann es gerade ihr lautes Gekreisch sein, das sie zu *einer* besonderen Sache, in der viele Individuen aufgehen, zu machen scheint.

Es gibt aber auch viele Vögel, bei denen die Pluralität für unsere Wahrnehmung keine Rolle spielt, d.h. die unserer Wahrnehmung in besonderer Weise als einzelne gegeben sind: Ein Käuzchen, das blinzelnd in einer Gastgabelung kauert oder uns in der Nacht mit seinen unheimlichen Rufen erschauern läßt. Oder der Raubvogel, der am blauen Taghimmel große Kreise zieht. Oder das Rotschwänzchen, das auf dem First des Nachbarhauses wippt. Die beiden letzteren sieht man oft auch mit einzelnen Artgenossen zusammen, aber es sind dann doch einzelne Individuen nebeneinander.

Es macht also einen Unterschied, ob wir ein Besonderes aus einer mitgegebenen Menge gleichsam heraus- und dann doch auch *in* ihr sehen wie bei den Schwalben oder auch den Krähen – auch in Vielheit verschmelzen die Krähen nicht zu einer gleichgültigen Mehrheit – oder ob es sich uns von sich aus vornehmlich als ein jeweils Einzelnes – wie ich selbst eine besondere Einzelne bin in einer gesellschaftlichen Ganzheit – zeigt. Stets aber erscheint es, das Einzelne oder das Mehrfältige, als ein Eigenständiges, das mir als solches Besonderes etwas sagen, mit dem ich in eine Wechselwirkung oder Kommunikation eintreten kann.

Übrigens die Krähen ... Eines der bekanntesten Haiku von Basho lautet:

> Auf einen kahlen Ast
> lässt sich eine Krähe nieder –
> Herbstdämmerung.

In diesem Haiku sind die Melancholie und Verlassenheit eines Herbstabends zur Sprache gebracht, die schwarze Kahlheit des Astes und die einsame Krähe geben der Dämmerung ihren eigenen Fokus. Wie die Schwalbe einen besonderen Bezug zum Frühling hat, so die Krähe zum Herbst. „Die Krähen schrei'n und ziehen schwirren Flugs zur Stadt", sagt Nietzsche in seinem *Herbstgedicht.* Sowohl der laute Schwarm der vielen Vögel wie die einsam vor sich hin stolzierende Krähe ziehen die Aufmerksamkeit auf sich, scheinen jeweils eine eigene Stimmung auszudrücken.

Eine Reihe von Vögeln beeindrucken durch ihre Schwarmbildung, Tausende tun sich zusammen, als wären sie ein Einzelnes. Peter Handke schreibt in *Mein Jahr in der Niemandsbucht* von den Spatzen, die sich nachts auf einer Platane bzw. in deren Blätterwerk zusammenfinden. (37f. und 561f.) „Und an diesem Regenabend glänzte es durch den ganzen Baum von Nässe, sowohl an den gedrungenen Spatzenschnäbeln als auch an den vorjährigen, schwarzgeschrumpelten Platanenkugeln, wobei allein die letzteren, hängend an ihren Fäden, sich regten, schwankten, pendelten: Die Spatzen, selbst die auf den dünnsten Zweigen, hielten dagegen ganz still, und hätte ich nicht gewußt, daß sie da oben versammelt hockten, wären ihre hellgrauen Leiber eins gewesen mit den ihnen gleichförmigen und gleichfarbigen Rindenflecken der Platane." Und an einer späteren Stelle: „Tief in den Nächten kam es vor, daß sie, oder ein paar von ihnen, [...] aufschwirrten aus ihrem Laub, welches davon jäh auseinanderkrachte, und als ein Schwarm fliegender Fische hinübertauchten in eine der Nachbarkronen, allerdings jeweils zur baldigen Rückkehr, jeder einzelnen, in den Stammbaum".

Faszinierend ist an den Schwärmen – der Krähen, Stare, Möwen ... –, daß sie in der Tat wie ein sich gemeinsam bewegendes Eines, Besonderes wirken, und doch aus Tausenden bis zu Millionen von Individuen bestehen. Jährlich im Frühling oder Spätherbst oder täglich am Abend sammeln sie sich, ausgehend von wenigen Vögeln über ganze Scharen bis zu riesigen Schwärmen von Einzelnen, die, jeweils aufmerkend auf ihre sechs bis sieben Nachbarn, sich zu großartigen Flugmanövern zusammenfinden, u.a. um gemeinsam gegen Feinde und Wetterunbilden gewappnet zu sein. Ich habe am Steinhuder Meer riesige Schwärme von Staren gesehen, die sich, in Gruppen aus allen Himmelsrichtungen kommend, mit ohrenbetäubendem Lärm auf einer alten Birke niederließen, wieder aufflogen und wieder auf den Zweigen schaukelten. Wie gesagt, es waren Abertausende, aber in ihrem Zusammenspiel ergaben sie *ein* Besonderes, Großes.

Das Besondere im Haiku

Viele japanische Haiku bringen Einzelnes, Besonderes zum Ausdruck, das in bestimmten welthaften Zusammenhängen erfahren wird. Die Gedichte evozieren, um die Dinge herum oder in ihrem Hintergrund, ausdrücklich oder unausdrücklich Atmosphären, Stimmungen, Bewegtheiten, Relationen, zuweilen auch persönliche Befindlichkeiten. Sehr oft erscheint das Besondere als so etwas wie ein Fokus, in dem sich die welthaften Zusammenhänge brechen.

> Nun beginnt der Herbst.
> Irgendwo brennt schon ein Licht
> in der Dämmerung.
>
> Buson

Das zuendegehende Jahr und die vertrauten abendlichen Lebensumstände mit dem Aufblinken des ersten Lichtes in der Dämmerung werden nacheinander genannt; zunächst könnte es scheinen, als stünde beides einfach nur nebeneinander. Aber der beginnende Herbst stellt gleichsam die Folie dar, vor der sich das aufscheinende Licht heraushebt. Im Hintergrund empfinden wir so etwas wie die Trauer des Herbstes zugleich mit der Vertrautheit des schwachen Lichtes in der Dämmerung. Keines von beiden wird in ausgezeichneter Weise in den Blick genommen: und doch verbinden sich beide zu einem irgendwie tröstlichen Bild.

Halten wir einige Zeilen aus einem abendlichen Gedicht von Rilke (*Eingang*) dagegen:

> Mit deinen Augen, welche müde kaum
> von der verbrauchten Schwelle sich befrein,
> hebst du ganz langsam einen schwarzen Baum
> und stellst ihn vor den Himmel: schlank, allein.
> Und hast die Welt gemacht. Und sie ist groß
> und wie ein Wort, das noch im Schweigen reift.
> Und wie dein Wille ihren Sinn begreift,
> lassen sie deine Augen zärtlich los ...

Der schlanke Baum wird als dieser Besondere, allein Stehende vom müden Blick des vor das Haus Getretenen aus der Umgebung gewissermaßen herausgeschaut. Auch dieses Besondere ist, wie im Haiku, nichts Verbesondertes, Vereinzeltes. Im Gegenteil: es ist selbst vergehendes Moment einer ganzen Welt. Doch das Erblicken des Baumes und das Erschaffen der abendlichen Welt haben – für den Dichtenden und den Hörenden/Lesenden – eine ganz andere Bedeutung als das kleine Licht in der Dämmerung und der beginnende Herbst im Haiku. Die Welt um den Baum hat ihren eigenen Sinn, der ein Begreifen erfordert. Einen Sinn allerdings, der über sich hinaus führt in ein Nichts, in das die zärtlich schauenden Augen das Begreifen hinübergeleiten, – „und hört im Herzen auf zu sein", heißt es entsprechend in dem bekannten Gedicht *Der Panther*.

Kein „Sinn" dagegen im Haiku, auch wenn die metaphysisch vorbelasteten europäischen Kommentatoren oftmals bemüht sind, einen solchen darin zu finden. Einfach Herbst, der nichts ist als Herbst, ein Licht in der Dämmerung, das nichts anderes ist als dieses Licht. Aristoteles hat im Schlußkapitel des Buches, in dem der *ousia* nachgefragt wird, dem, was man dann „Wesen“ genannt hat, gesagt: „Zu fragen, warum etwas es selbst ist, heißt, nichts zu fragen.“ Man könnte auch übersetzen: „nach Nichts zu fragen.“ Und das könnte auch heißen: gar nicht mehr zu fragen, sich bei dem zu beruhigen, was einfach da ist. Die Haiku fragen nach keinem Grund, keinem höheren Sinn. Sie zeigen, wie etwas eben dieses ist, das es ist, und nichts anderes.

Schnee am Morgen –
die kleinen Vögel
in Scharen am Reisigzaun.
Ryôkan

Zitternd sinkt ein Stein
immer tiefer
ins klare Wasser.
Kyoshi

Mondnacht im Winter –
laut klappern Sandalen
zur Backstube des Nachbarn.
Ryôkan

Frühlingsregen –
eine Ente
watschelt ums Hoftor.
Issa

Jeweils ein besonderes, doch gleichsam schüchternes Bild. Kleine Vögel am Zaun, ein im Wasser versinkender Stein, klappernde Sandalen, das Watscheln einer Ente. Jeweils unbedeutende, unscheinbare, unaufdringliche Geschehnisse, die fast zu klein sind, um sie „Geschehnisse“

zu nennen. Aber jeweils eine in sich stimmige Ganzheit: ein verschneiter Morgen, erfüllt von der schwätzenden Vogelschar, ein klarer Teich, dessen Oberfläche durch die immer größer werdenden Kreise des hineingefallenen Steines leicht erschüttert wird, die kalte Winternacht, durch die sich das Klappern des Gangs zur Backstube hören läßt, der alles einhüllende Regen im Frühling, in dem die einsame Ente ihres Weges watschelt. Auch hier könnten wir wohl jeweils von einer Welt sprechen. Doch handelt es sich dann um die begrenzte Welt des je Besonderen, so wie wir im Alltag von der Welt eines Kindes oder der Welt einer spezifischen ökologischen Nische reden.

So evoziert die erste Zeile des Haiku über die klappernden Sandalen unausgesprochen die ganze nächtliche Welt, die ausgebreitete Stille der Mondnacht. Wir spüren die schweigende Weite, – die plötzlich durch das Klappern der Sandalen gebrochen wird. Genauer wird erst jetzt, d.h. weil und indem die erste in die nächsten zwei Zeilen mündet, der nächtliche, mondhelle Raum wahrnehmbar, er erhält seine Bedeutung erst im Gebrochenwerden durch die klappernden Schritte. Wir sehen schemenhaft die Hofstrecke zur benachbarten Backstube vor uns, vielleicht auch die Gestalt mit den Holzsandalen und dem Backblech, und hören doch das Klappern als ganz selbständiges, besonderes Geräusch.

*

Viele Haiku handeln von Blumen:

> Nach der Überschwemmung,
> die Chrysanthemen richten sich wieder auf –
> und duften ganz leicht.
>
> Bashô

> Es strafft sich wieder
> die schlaff gewordene Aster
> im Rest des Wassers.
>
> Bashô

> Der erste Schnee
> beugt
> die Narzissen.
>
> Buson

> Wie sehr
> haben Regen und Wind
> Den Süßklee verletzt!
>
> Kyoshi

In verschiedenen Zusammenhängen sind Blumen dem Dichter ins Auge gefallen. Sich-Aufrichten, Gebeugt- oder Verletztwerden machen das verborgene Strahlen des jeweiligen Haiku aus – und sind doch nichts Besonderes. Die Blumen werden jeweils in eine bestimmte Situation hineinversetzt bzw. aus dieser heraus sichtbar. Häufig werden diese Situationen mit mehr oder weniger deutlichen Hinweisen auf die jeweiligen Jahreszeiten angedeutet, die im Haiku entsprechend dessen Bildungsgesetz nicht fehlen dürfen. Die – meist räumlich/zeitlich wiedergegebene – Situation umgibt das einzeln Herausgehobene wie eine Aura. So ergibt sich jeweils ein kleines Bild, das allein als solches und für sich, als ein unvergleichbarer Moment aufleuchtet.

Ich führe drei Haiku an, die ebenfalls von Blumen, diesmal von Kamelien, sprechen:

> Eine Kamelienblüte fiel ab –
> die Landschaft um den See
> erbebt.
>
> Takao

> In den dunklen Brunnen
> fällt
> eine Kamelie.
>
> Buson

> Im Fallen
> vergießt die Kamelienblüte
> den gestrigen Regen.
>
> Buson

Jedes dieser Haiku spricht von einer einzelnen Kamelienblüte, in deren Evozierung eben diese selbst, aber zugleich viel mehr als nur diese selbst angesprochen ist. Wenn ich an Kamelienblüten denke, so erstehen in meiner Phantasie dunkle Parks mit weitläufigen Wegen, große dunkle Gebüsche, dunkel glänzendes Laub. Kaum eine andere Blüte braucht so sehr das Dunkle als Folie, vor der sich ihr rotes, rosa oder weißes Leuchten abhebt. Man denkt an das Ende des Winters, das Aufbrechen des Frühjahrs. Mich erinnern Kamelien an Gärten am Lago Maggiore oder an weite Parks in Tokyo.

Nicht nur weil Kamelienblüten in besonderer Weise auf ihr Umfeld, die dunkel glänzenden Blätter, zu verweisen scheinen, ist in diesen Haiku so etwas wie ein ausdrückliches Moment der Welt, in der sie vorkommen, mitgenannt. Die fallende Kamelienblüte wird im ersten dieser drei Haiku nicht als solche und für sich aufgeschrieben, sondern sie erscheint als Bestandteil eines Ganzen, das sich an und mit ihrem Fallen mit einem Schlag verändert. Wenn ich dieses Haiku richtig verstehe, so ähnelt seine Aussage der des Schmetterlingseffekts und der Chaostheorie. Es geht um das Verhältnis zwischen der Bewegung einer einzelnen Blüte und der gesamten Landschaft. Das leise Fallen der Blüte ist ein fast unscheinbares Ereignis. Und doch scheint in diesem Fallen die ganze Umgebung sich zu versammeln und zu erbeben. Es geht um einen Weltaugenblick.

Auch in den beiden anderen Haiku steht eine einzelne Kamelienblüte im Fokus, die auch jeweils wieder als fallende wahrgenommen wird. Vielleicht bezeugt die Blüte im Fallen in besonderer Weise ihr Ein-Einzelnes-Sein. Solange sie in voller Blüte da ist, könnten wir unsere Aufmerksamkeit zwar auch auf sie als Einzelne richten, doch vor allem nehmen wir sie als ein Teil des Gebüschs wahr, von dessen dunklem Laub sie sich mit vielen anderen Blüten abhebt. Wenn sie verblüht und fällt, löst sie sich aus dem Verbund, wird sie zu einem vergehenden Einzelnen.

Im ersten dieser beiden Haiku vergeht sie und entzieht sich zugleich ins Dunkel, in ihre nichthafte Unsichtbarkeit. Sie fällt ab und ist nicht mehr da. Die Brunnentiefe hat meistens etwas Geheimnisvolles an sich; viele Geschichten ranken sich um sie. Oftmals steht sie auch für die unausschöpfbare und nicht auslotbare Wahrheit. Ihr begrenztes Rund kontrastiert mit ihrer Unermeßlichkeit. Aber hier geht es nicht um den Brunnen als solchen wie auch nicht um die Blüte als solche. Es geht um die besondere in die Dunkelheit des Brunnens fallende

Kamelienblüte, dieses einzelne Ereignis gerät in den aufmerksamen Blick.

Ähnlich verhält es sich im dritten Haiku. Hier *läßt* die Kamelienblüte fallen, indem sie selbst fällt. Wie ein winziger Wasserfall fließt das Regenwasser des vorangegangenen Tages, das sich fast unmerkbar in den Blütenblättern gesammelt hatte, auf den Boden. Das Fallen der Blüte wird besonders, weil in ihm auch das Wasser, das dort ganz allmählich zusammengekommen war, fällt. Dessen Fallen seinerseits ist nicht für sich selbst interessant, sondern als auszeichnende Besonderheit der fallenden Blüte. Das Einzelne, auf das der Blick des Dichters fällt, ist die im Fallen den Regen vergießende Kamelienblüte. Hier wie da ist das besondere Einzelne ein besonderes „Geschehnis". Die Welt, in der sich das unauffällige Geschehnis abspielt, ist mit da, sie bleibt aber im Hintergrund, macht den unsichtbaren Rahmen aus, innerhalb dessen sich das Ereignis ergibt. „Hintergrund" und „Rahmen" sind vielleicht unzutreffende Bezeichnungen. Gemäßer wäre wohl, im Bezug auf das Vergießen des angesammelten Regens vom Raum oder sogar von der Seinsweise der fallenden Kamelie zu reden. Die Dinge erscheinen zuweilen wie Katalysatoren oder Brennpunkte, in denen bestimmte Situationen und Beziehungen aufgehen bzw. aufgegangen sind; die welthaften Bezüge vermögen im unscheinbaren Geschehen aufzuleuchten.

Zuweilen geht es im Haiku auch nicht so sehr darum, ein Ereignis oder ein Dasein in den Blick zu rücken, sondern die eigene Befindlichkeit oder Situation in einem Bild oder einer Szene wiederzugeben:

Im Frühlingsregen –
ich streiche sanft
über die zerbrochene Kürbisflasche.
Ryôkan

Die Stimmung eines verregneten Tages kristallisiert sich in der besonderen Geste eines fast unwillkürlichen Streichens über die zerbrochene Kürbisflasche. Diese ist nicht einfach nur ein unnütz gewordenes Ding, eben etwas Zerbrochenes. Sie ist im Gebrauch alt und darum lieb geworden. In der Melancholie des Regentages gibt sie ein Gefühl des Zuhauseseins, was immer das im Leben des mal umherziehenden, mal in einer ärmlichen Hütte verweilenden Zen-Mönchs auch heißen mag. Zuhausesein ist da vielleicht ein Bei-sich-selbst-Sein, das für Ryôkan ein In-der-Welt-Sein im unmittelbarsten Sinne bedeutete, in dem er sein Selbst aufgegeben hatte. Er liebte die Blumen und die Kinder, so daß er über sie die allfälligen Tagesgeschäfte vergaß. Ich denke mir, daß sie für ihn gleichwohl je Besonderes sein konnten, so wie er ihnen am Wege begegnete.

Die Kürbisflasche ist das übliche Tragegerät der Mönche für Wasser und Wein, für Ryôkan sicher ein lebenswichtiger Gegenstand. „Zerbrochen" muß hier wohl nicht einmal heißen, daß die Flasche gänzlich unbrauchbar geworden ist. Sie ist aber jedenfalls versehrt. Im Japanischen hat das Unperfekte, Unvollständige und sogar Kaputte einen eigenen Wert. Der Begriff des *wabi/sabi* nennt seit Jahrhunderten ein Ideal von Kunst und Philosophie. Seine Bedeutung läßt sich vielleicht in seinem Gegensatz zum griechischen Ideal der Vollkommenheit, Stimmigkeit, Symmetrie verdeutlichen. Die Harmonie oder Stimmigkeit ist ein welthafter Charakter, die einzelnen Momente sind zurückgenommen in ein jeweiliges

Gefüge. *Wabi/sabi* dagegen kommt stets einem Ding zu, das gerade darum besonders ist, weil es nicht vollkommen ist, das also einen „Fehler" hat, etwa eine Teeschale, deren Glasur einen verlaufenen Pinselstrich aufweist. In unserer Kultur würde sie zum Ausschuß gehören und weggeworfen werden. Für die Japaner aber ist sie eben wegen ihrer Unvollkommenheit ein geschätztes Besonderes. Ähnlich ist das Leben, das der Weise wählt, das der Armut, in der einzelne Dinge ihre besondere Köstlichkeit erhalten können.

In Lumpen, in Lumpen
Und wieder in Lumpen – das ist mein Leben:
Zum Essen pflücke ich Kräuter vom Wegesrand,
Zur Hütte wird Stroh und Bambus gesammelt,
Im Mondlicht sitz ich versunken die ganze Nacht
hindurch,
Wenn ich Blumen seh, vergess ich den Heimweg –
Ryôkan

Besonderheit des Ich

Die Erfahrung des *Ich* ist wohl die ausgezeichnetste, eine einzigartige Erfahrung der Besonderheit eines – besser: jeweils *dieses* – Einzelnen. *Ich bin ich.* Es gibt nichts, was für uns so unhinterfragbar, so unmittelbar ist wie dies: Ich bin ich. Wenn ich aufwache aus einem tiefen, vielleicht wirren, traumtrunkenen Schlaf, dann kann es sein, daß ich zunächst nicht weiß, ob es Morgen oder Abend ist, die Umgebung mag mir unbekannt oder ungewiß vorkommen, ich muß mich vielleicht im Hier und Jetzt erst wieder neu situieren, – aber jedenfalls bin ich ich, bin ich bei mir. Ich weiß mich existierend.

Dieses Ich liegt noch vor dem Ego des Descartes, bzw. diesem zugrunde. Cogito ergo sum – das kann nur gesagt werden, wenn das *sum*, das aus dem *cogito* folgen soll, seinerseits ein weiteres, tieferes ego voraussetzt, dem das cogito zukommt. Ich denke, darum bin ich. Cogito ergo sum quae cogitat – *ich* denke, darum *bin ich* die, die denkt.

Bis in unsere Zeit gehört es sich nicht, in akademischen oder publizistischen Texten die erste Person Singular zu benutzen. Es gehört sich nicht nur nicht, sondern es ist auch tatsächlich unangemessen. Denn die sprechende Person spricht im Namen einer vernünftigen Allgemeinheit, zumindest der wissenschaftlichen Gemeinschaft. Man hat das Ich gewissermaßen an den Toren der Wissenschaft abzulegen. Thomas von Aquin antwortet zwar jeweils mit einem *respondeo* – ich erwidere – auf das anfänglich vorgebrachte *videtur* – man ist der

Meinung –, aber diese seine Antwort bringt keine eigene Erfahrung zum Ausdruck, sondern entwickelt das allgemein anzuerkennende Faktum der fraglosen Vernunft. Er selbst spielt dabei nur die Rolle des Aussprechenden.

In der Literatur gibt es eine Fülle an Texten, die nicht einfach autobiographisch sind, sondern bei denen es um die Erzählung authentischer „privater" – häufig historisch/politischer – Erfahrung der Autoren zu tun ist. In der Philosophie wird der Weg der Betonung des Ich erst selten – am ehesten in Frankreich – gegangen. Die Wissenschaft bedarf dagegen vermutlich als solche der Allgemeinheit.

Es gibt eine entzückende, von Susi Weigel bebilderte Geschichte von Mira Lobe, die den Titel trägt: *Ich bin ich.* Sie erzählt von einem kleinen bunten Tier, das durch die Frage eines Laubfrosches darauf gebracht wird, daß es nicht weiß, was oder wer es ist. So macht es sich auf den Weg, bei den unterschiedlichsten Tieren seine Identität zu erkunden, aber alle vermögen ihm nur zu sagen, daß es anders ist als sie. Das kleine Tier wird ganz unsicher und traurig:

> „Stimmt es, daß ich gar nichts bin? […]
> Ob's mich etwa gar nicht gibt?" […]
> Aber dann …
> Aber dann bleibt das Tier mit einem Ruck,
> mitten im Spazierengehen,
> mitten auf der Straße stehen,
> und es sagt ganz laut zu sich:
> „Sicherlich,
> gibt es mich:
> ICH BIN ICH!"

Kein Verweis auf irgendetwas anderes, keine Abgrenzung und keine Fremdbestimmung kann mir, der oder die ich mich als daseiend erfahre und ich zu mir sage, zur Selbstbestimmung verhelfen. Die einzige Auskunft, die ich, und zwar nur von mir selbst bekommen kann, ist diese: Ich bin ich. Diese Selbstverständlichkeit gehört zum Menschsein als solchen und beschränkt sich nicht auf die westliche Auffassung der Subjektivität.

Das Ich ist schlechthin singulär. An ihm selbst hat es keinen Plural. Auch das „Wir“ kann nicht einfach als eine Mehrzahl von „Ichen“ angesehen werden; diese gibt es schlechthin nicht. Das Wir kann zwar eine Erfahrung des Ich sein, wenn dieses sich in einer Gemeinschaft mit anderen erfährt und versteht. Doch auch in solcher Erfahrung bleibt Ich letztlich für sich selbst. Wenn ich mich noch so sehr in der Kollektivität aufgehoben fühle, bin und bleibe ich selbst ich. Zugleich weiß ich, daß das Ich-Sein für alle anderen, die mit mir das Wir ausmachen, auch gilt.

Fichte hat das Faktum dieser Ich-Identität auf den transzendentalen Begriff gebracht und hat diese wesentlich als eine ursprüngliche Tat-Handlung verstanden. Ich führe das als bloße Illustration an, obgleich sich die „empirische“ Ich-Erfahrung, um die es in meiner Fragestellung geht, von der Sein-setzenden Fichtes auch wesentlich unterscheidet: „Das Ich setzt sich selbst, und es ist, vermöge dieses blossen Setzens durch sich selbst; und umgekehrt: das Ich ist, und es setzt sein Seyn, vermöge seines blossen Seyns. – Es ist zugleich das Handelnde, und das Produkt der Handlung, das Thätige, und das, was durch die Thätigkeit hervorgebracht wird; Handlung und That sind Eins und ebendasselbe; und daher ist das: Ich bin, Ausdruck einer Thathandlung;“ (*Über den*

Begriff der Wissenschaftslehre oder der sogenannten Philosophie. In: Fichtes Werke, Bd. 1, 59)

Das Ich der obigen kleinen Geschichte ist in dem Moment sein eigenes Ich, da es sich, sich als sich selbst anerkennend, auf sich bezieht; es macht sich zum *Ich*, indem es zu sich ich sagt und sich damit gegenüber allem anderen abzusetzen vermag.

Doch ich bin, indem ich ich bin, vieles andere auch. Genauer: das Ichsein umfaßt alles, was mich mit ausmacht, mein Hier- und Jetztsein, mein Leib- und Geistsein, meine Gefühle und Überlegungen, meine Neigungen und Abneigungen, Hoffnungen und Ängste, meinen Charakter, meine Eigenheiten, meine Geschichte – wie auch meine Zusammengehörigkeit mit anderen. Und es ist Ich durch die Zeiten hindurch. Wir wissen nicht, welche besondere Erfahrung im Kleinkind vorgeht, wenn es sich selbst mit einem Mal nicht mehr, wie alles andere, mit seinem Namen nennt, sondern „ich“ zu sich sagt. Vermutlich ist es von diesem Moment an ein Ich. Und es bleibt dieses Ich durch all seine Entwicklungen hindurch – bis zum Tod oder bis es in der Demenz sich selbst zuweilen oder endgültig verliert. Manche Menschen machen die erstaunlichsten Veränderungen in ihrem Leben durch, und wenn sie sich im Alter an sich als Kinder oder Jugendliche zurückerinnern, kann es ihnen schwerfallen, sich noch mit dem damaligen Menschen identisch zu begreifen. Aber dennoch wissen sie durch alle Befremdung hindurch, daß das damalige Ich sie selbst war, daß sie in eben dem Sinne und auf Grund des selben Faktums Ich zu sich sagten, wie sie es auch heute noch tun.

Trotz oder wegen des Sich-Durchhaltens durch die Zeit ist das Ich immer *jetzt*. Wie es immer *hier* ist. (Pathologische Zustände lasse ich beiseite.) Ich kann mich zwar woandershin träumen, wünschen, imaginieren. Aber zumindest durch meinen Leib bleibe ich zeitlebens an diesen Ort, der mein Leib ist, an dessen jeweiliges Hier gebunden. Fast könnte man sagen, daß meine Ich-Erfahrung gleichursprünglich meine Hier- und Jetzt-Erfahrung ist (auch wenn ich manchmal nach ekstatischen oder Traumerfahrungen erst dahin zurückfinden muß). Worin impliziert ist, daß mein Ichsein mit meinem Leiblichsein engstens zusammenhängt.

Die Tatsache des „ich bin ich“ schließt zwar alle erwähnten Implikationen des Ich mit ein, doch sie enthält sie ganz unausdrücklich. Das „ich bin ich“, um das es hier zu tun ist, ist streng tautologisch, also Ausdruck einer unvermittelten und unvermittelbaren Selbigkeit. Das Prädikat dieses Satzes fügt zu seinem Subjekt nichts Anderes hinzu. Will es dieses bestimmen, so kann es nur zu negativen Abgrenzungen seine Zuflucht nehmen. Das Ich, von dem Benn etwa in dem Gedicht *Nur zwei Dinge* und in der letzten Strophe von *Reisen* spricht, ist vermutlich eben dieses mit sich identische Ich, das sich ohne nähere Bestimmung „nur“ auf sich selbst bezieht:

Durch so viel Formen geschritten,
durch Ich und Wir und Du,
doch alles blieb erlitten
durch die ewige Frage: wozu?

Das ist eine Kinderfrage.
Dir wurde erst spät bewußt,
es gibt nur eines: ertrage
– ob Sinn, ob Sucht, ob Sage –
dein fern bestimmtes: Du mußt

Ob Rosen, ob Schnee, ob Meere,
was alles erblühte, verblich,

es gibt nur zwei Dinge: die Leere
und das gezeichnete Ich.

Und:

Ach, vergeblich das Fahren!
Spät erst erfahren Sie sich:
bleiben und stille bewahren
das sich umgrenzende Ich.

Das Ich, das sich im Angesicht des währenden Nichts als das Einzige erfährt und sich als dieses in Stille bewahrt, ist das Ich, das sich aus der Fülle eines ganzen Lebens zusammennimmt und bewährt und zugleich immer schon bewährt hat: Es ist seine einzige und ganze Wahrheit. Die reine Selbigkeit des daseienden Ich ist nichts anderes als es selbst, Ich.

Die unendlich vielen Mücklein, die in der Nachmittagsluft umeinander spielen, und die unendlich vielen kleinen Fische, die im hellen Wasser herumschwärmen, scheinen unzählbar und auch ununterscheidbar zu sein. Sub specie aeternitatis aber, so meint das Lied, sind sie je besondere, haben sie je einen eigenen Namen, an dem Gott sie ins Leben rief und sie kennt. Für ihn unterscheiden sie sich in ihren Namen, also dadurch, daß sie als sie selbst genannt und gerufen werden.

Weißt du, wie viel Sternlein stehen
an dem blauen Himmelszelt?
Weißt du, wie viel Wolken ziehen
weithin über alle Welt?
Gott, der Herr hat sie gezählet,

dass ihm auch nicht eines fehlet
an der ganzen großen Zahl,
an der ganzen großen Zahl.

Weißt du, wie viel Mücklein spielen
in der heißen Sonnenglut?
Wie viel Fischlein sich auch kühlen
in der hellen Wasserflut?
Gott, der Herr, rief sie beim Namen,
dass sie all ins Leben kamen,
dass sie nun so fröhlich sind,
dass sie nun so fröhlich sind.

Weißt du, wie viel Kinder frühe
stehn aus ihren Betten auf?
Dass sie ohne Sorg und Mühe
fröhlich sind im Tageslauf?
Gott im Himmel hat an allen
seine Lust, sein Wohlgefallen,
kennt auch dich und hat dich lieb,
kennt auch dich und hat dich lieb.
(Wilhelm Hey)

Wir selbst leben nicht in aeternitate, sondern wir sind endlich, sterblich. Unsere Tage sind gezählt, wie man sagt. Man meint da nicht den Einen, überirdischen Zahlmeister, sondern man denkt daran, daß die scheinbar gleichmäßige Abfolge der Tage, an denen ich auf der Welt bin, irgendwann – mehr oder weniger plötzlich – abreißt. Zur Besonderheit der Erfahrung, die ich von mir als Ich habe, gehört eben dieses Faktum, daß sie eines Tages vergeht, daß das Ich vergänglich ist. Solange aber die Spanne währt, die unser In-der-Welt-Sein ausmacht, sind wir je Ich.

*

Die Besonderheit unseres je eigenen Ich beinhaltet – oder vielleicht: bedeutet – eine fast unendliche Zahl von Erfahrungen, Erlebnissen, Begegnungen, ja einzelnen Wahrnehmungen. Unser Erinnerungsvermögen macht es, daß wir einzelne „Stücke" aus dem Konglomerat all jener „Einzelnen" in die bewußte Gegenwart hervorrufen können. Entweder gleichsam durch ihren Namen ins Bewußtsein gerufen oder ganz unwillkürlich aufgetaucht aus dem „Schacht" des Gedächtnisses, wie Hegel ihn nennt, sehen wir früher Gesehenes und Erfahrenes als ein je Besonderes vor uns. Die vielen Erinnerungen, die ich während meiner umfangreichen Reisen mit dem Autozelt in Nordamerika gesammelt habe, sind ein Schatz von einzelnen Eindrücken; sie kristallisieren sich jeweils zu einem Besonderen, das im Gedächtnis – willkürlich oder unwillkürlich – hervortritt.

Das Erinnerte zeigt sich in diesen unwillkürlichen Fällen von alleine, ich rufe es nicht hervor, wie es dagegen dann geschieht, wenn ich mich bewußt an etwas erinnern will. In beiden Fällen hat das aus dem Schoß der Zeiten Wiedergebrachte den Charakter des Besonderen, je Eigenen. Ich erinnere mich an einen Geruch in der Küche meiner Großmutter, an den Duft des Jasmin in den Gärten von Nea Epidauros, an das laute Geschwätz der Stare auf dem Baum am Steinhuder Meer, an den Anblick der Nachtkerzen am Sommerabend. Ich erinnere mich an das Glück beim Kanufahren in der Jugend, in der Zärtlichkeit der Liebe, beim Schreiben meiner Texte. Das sind gesondert erfahrene Erinnerungen, die ich jeweils selbst habe und insofern auch nicht teilen kann. Aber wir können uns über unsere Erinnerungen austauschen, gleichartige und unterschiedliche feststellen. Das ändert nichts an der unaufhebbaren Jeweiligkeit des Ich. Es kann sich zuweilen nach Verschmelzung sehnen, bleibt aber unauflöslich in sich selbst gefangen – oder geborgen?

Ein Stern

„Weißt du, wieviel Sternlein stehen an dem blauen Himmelszelt?" Die (in Wirklichkeit wohl nicht) unendliche Zahl von Sternen am Nachthimmel, Kants „bestirnter Himmel über mir", hat Menschen vermutlich seit je in Bewunderung und eine Art Ehrfurcht versetzt. Es ist gerade ihre – nur zu kleinen Teilen durch die Phantasie von Sternbildern geordnete – scheinbare Unendlichkeit, Unmeßbarkeit und Unüberschaubarkeit im schwarzen Weltenraum, die uns in unserer Winzigkeit zum Staunen bringt.

Doch gibt es auch die Erfahrung des *einzelnen Sterns.* Die letzte Seite des Buches *Der kleine Prinz* von Saint-Exupéry zeigt einen einsamen Stern über der mit nur zwei Strichen angedeuteten Wüste, auf die der kleine Prinz auf dem vorletzten Bild fällt, „sachte, wie ein Blatt fällt". Dieser Stern ist der *eine, einzige* unter „allen Sternen", von dem der kleine Prinz herkommt und auf dem er nach der Rückkehr zu seiner Rose wohnt und auf dem er lacht, – so daß der Flieger, wenn er in den Nachthimmel schaut, Sterne zu sehen vermag, „die lachen können". Der lachende Stern des zu ihm und d.h. zu seiner Rose zurückgekehrten kleinen Prinzen bleibt trotz seiner optischen Unerkennbarkeit innerhalb der unendlichen Zahl einzig und in seiner Einzigkeit bedeutsam.

Gewisse Kon-stellationen lassen sich aus der unendlichen Vielzahl der Sterne herauslesen, und diese erhalten dann in den unterschiedlichen Kulturkreisen unterschiedliche Bezeichnungen. Der „Meerstern" – ein Name der Jungfrau Maria seit dem 9. Jahrhundert – leitet, wie die Venus, die Seefahrer in allen Nöten auf dem Meer. Neben der Venus, dem Morgen- und Abendstern, welchen letzteren Rilke als „starken Stern" besingt, „der nicht den Beistand braucht, den die Nacht den andern mag gewähren", ist es der hellste der für uns sichtbaren Sterne, Sirius, dem in vielen Völkern große und zum Teil mythologische Bedeutung zugesprochen wurde. Auch der Polarstern, der hellste Stern im Kleinen Bären, der, weil die Erdachse fast genau auf ihn hindeutet, von der Nordhälfte der Erde immer und scheinbar unbewegt zu sehen ist, hat als Leitstern in den mythischen Erzählungen der alten Völker seinen Platz. Seit je haben die Sternbilder auch der Landwirtschaft zur Orientierung gedient.

Entsprechend der heute vorherrschenden Tendenz zu Klassifizierung und Quantifizierung hat die *Internationale Astronomische Union* eine Liste von 88 Sternbildern „verbindlich festgelegt". „47 Sternbilder gehen auf die Naturkunde von alten Völkern in Südwestasien und Nordafrika zurück, wurden von der erwachenden mathematischen Astronomie in Babylonien und Griechenland weiter verwendet und in den antiken Multi-Kulti-Großreichen mit griechisch-römischen Sagen verziert." (Wikipedia, *Liste der Sternbilder*) „Verzierung" ist da eigentlich eine nicht zutreffende Bestimmung. Bei den Griechen wurden die herausragenden Helden zur Erinnerung an den Nachthimmel versetzt; ein besonderes Beispiel sind Perseus und die ihm verwandten Gestalten wie Pegasus, Andromeda und Kassiopeia. Bekannt waren die Sternbilder tatsächlich in den frühesten Kulturen. 2200 v. Chr. finden sich sumerische Keilschrifttafeln mit einzelnen Bildern der himmlischen Tierkreiszeichen, die schon den Babyloniern bekannt waren.

Die *Sternbilder* bestehen zwar aus mehreren, in sehr unterschiedlichen Entfernungen von uns ihre Kreise ziehenden Sternen. Aber durch die Bedeutungs- und Namengebung werden sie gleichsam individualisiert. Sie machen für die Schauenden je zusammen ein Eines, Umgrenztes aus, das dem fremden Himmel zuweilen eine gewisse Vertrautheit verleiht. Im Winter am klaren Nachthimmel den Orion zu sehen ist für mich immer wie ein naher Gruß aus der Ferne des Sternenalls. Die Sternbilder des Orion, des großen Wagens, der Kassiopeia zeichnen ein besonderes Bekanntes aus der unnennbaren Vielfalt heraus und vermögen die Fremde zur vertrauten Umgebung zu machen.

Die Stern-Deutung – eine wörtliche Übersetzung von Astrologie – spielte in vielen alten Kulturen eine Rolle, z.B. in China und Indien, in Babylonien, in Ägypten. In der Weihnachtsgeschichte lesen wir die Aussage der drei weisen Sterndeuter aus dem Morgenland: „Wir haben seinen Stern aufgehen sehen und sind gekommen, ihn anzubeten. [...] Und siehe, der Stern, den sie hatten aufgehen sehen, zog vor ihnen her bis zu dem Ort, wo das Kind war; dort blieb er stehen." In unterschiedlicher Weise wurden (und werden in weitverbreiteten Horoskopen) die Schicksale von einzelnen Menschen und ganzen Völkern oder ihren Herrschern mit Sternkonstellationen in Verbindung gebracht. Für Schillers *Wallenstein*, dessen Leibarzt und Vertrauter der Astrologe Seni ist, künden „die himmlischen Gestirne" „aus den tiefsten Quellen" das Leben des Menschen.

Im Grunde ist es merkwürdig und fast geheimnisvoll, daß einzelne Sterne je für sich immer schon eine große Bedeutung für das Selbstverständnis von Menschen gewinnen konnten. Vielleicht liegt es mit an ihrer Leitfunktion in der Nacht. „Auf einen Stern zugehen, nur dieses", heißt es bei Heidegger in *Aus der Erfahrung des Denkens.* Auf seinen Grabstein hat er einen Stern einmeißeln lassen.

Mit den Sternschnuppen verbindet der Volksglaube unterschiedliche Bedeutsamkeiten. Sowohl der Tod konnte (in der Antike) mit ihnen verbunden werden wie die Geburt: „Kommt ein Kindlein auf die Welt, fällt ein Stern vom Himmelszelt" (Wiegenlied von Ruth Schaumann). Ob sie als Vorboten von Unglück gedeutet, ob als vom Himmel fallendes Feuer gesehen werden oder wenn sie ganz real im August als ein Sternschnuppen-Regen niedergehen, – jedenfalls ist ihr Flug über den Himmel für den Schauenden ein je besonderes und einzigartiges Ereignis.

Für die beiden großen Philosophen des zwanzigsten Jahrhunderts, Adorno und Heidegger, wie auch für Walter Benjamin, etwa in *Vom Ursprung des Trauerspiels* (15f.), hat die *Kon-stellation,* wörtlich: das *Zusammenstehen von Sternen,* eine besondere Bedeutung. Auch hier handelt es sich wie bei den Sternbildern um mehr als einen einzigen Stern. Ein Bezug zur realen Sternenwelt ist zwar beim frühen Adorno noch auffindbar (*Die Aktualität der Philosophie,* GS 1, 335), aber ein näherer Ausgang von den Sternen am nächtlichen Himmel ist doch bei beiden Denkern auszuschließen. Wie die Sterne jeder für sich eigens sie selbst sind und doch in wahrnehmbaren Beziehungen zu anderen stehen, so daß sie als eine bestimmte Konfiguration erscheinen, so stehen bei Adorno die nichtidentischen Einzelnen in – glücklichen oder unglücklichen – Konstellationen zueinander, die sie ihrerseits in Konstellationen zum Wahrnehmenden selbst bringen. In ganz anderem Sinne denkt Heidegger die unhintergehbare und einzigartige Konstellation als das

Zusammen*gehören* von sich zusprechendem Sein und diesen Zuspruch erfahrendem Denken.

*

„Weißt du, wieviel Sternlein stehen …?“ „Gott der Herr hat sie gezählet, dass ihm auch nicht eines fehlet an der ganzen großen Zahl.“ Die Frage des Liedes unterstellt zunächst implizit, daß die Sterne unendlich viele, unzählbare sind, unser Blick auf den Nachthimmel verliert sich in der Unermeßlichkeit seiner winzigen Lichter. Und doch haben Menschen die Zuversicht, daß es ein die menschlichen Möglichkeiten übersteigendes Zählen gibt, das als solches ein „je und je“ bedeutet, sozusagen einen all-differenzierenden Blick, für den jene unendliche Vielzahl letztlich aus Einzelnen besteht, die je für sich ein Eigenes und Besonderes sind, so daß jedes Einzelne zählt, für den somit auch keines von ihnen allen fehlen kann. Jene Zuversicht, die ich hier nur als die des Liedschreibers stehen lassen will, findet bei ihm ihren Höhepunkt in der Gewißheit der Liebe: „Weißt du, wie viel Kindlein frühe / stehn aus ihren Bettlein auf, […] Gott im Himmel hat an allen / seine Lust, sein Wohlgefallen, / kennt auch dich und hat dich lieb.“ Trotz der fast unendlichen und fast nicht überschaubaren Vielzahl der Menschenkinder auf dieser Erde bleibt ein jedes von ihnen als es selbst erkennbar und wißbar und ist so auch Gegenstand einer speziell auf es selbst gerichteten, es als es selbst meinenden Liebe.

Das *besondere* Besondere

Daß uns ein Besonderes als in „besonderer" Weise besonders erscheint, kann verschiedene Gründe haben. In unseren Breiten erscheint uns z.B. ein schwarzer Schwan als etwas Besonderes, weil es hier nur wenige (ursprünglich aus Australien stammende) Exemplare dieser Art gibt, man meint: Schwäne sind weiß.

Mit „Besonderem" ist in der jetzt zu betrachtenden Weise das Seltene, Ausgefallene, nicht zu Erwartende gemeint, oft auch das Exquisite, Herausragende. Eine besondere Begabung, eine besondere Himmelserscheinung (z.B. der Stern über Bethlehem), das besondere Outfit einer Schauspielerin bei einer Preisverleihung – all das ist jeweils besonders, weil es aus dem Rahmen des Gewohnten, Üblichen und Erwarteten herausfällt. Je für sich genommen kann solches Besondere durchaus „normal", – nichts Besonderes sein.

Die kleine Wolke am Sommerhimmel, der Vogel, den ich beim Morgenspaziergang auf dem Zaun des Nachbargartens jubilieren sehe, das Gebell eines Hundes fern im Land bei Nacht, vielleicht auch der Stern, der der Stern des Kleinen Prinzen ist, – sie sind für sich genommen nichts Besonderes in diesem eher qualitativen Sinne, auch wenn wir sie jeweils als Besondere wahrnehmen. Sie werden dadurch zu einem Besonderen im zweiten Sinn, daß sie in der jeweiligen Situation aus dem vorgegebenen Umfeld heraustreten und eine eigene Bedeutung erlangen. Sie kommen uns aus einem Bereich der Geläufigkeit entgegen und sprechen uns auf Grund ihrer spezifischen Eigenart an. Ihre Besonderheit haben sie durch die Konstellation, in der sie uns begegnen, bzw. in die wir mit ihnen oder zu ihnen geraten oder die wir zu ihnen aufbauen.

Wir treffen da auf eine sozusagen gesteigerte Besonderheit. Im alltäglichen Sprachgebrauch begegnet uns das Wort „besonders" zumeist in diesem Sinne. Das Besondere ist dann also vor allem solches, das sich von dem *Gewöhnlichen* unterscheidet, das dem Gleichartigen und Üblichen entgegengesetzt ist. Dabei kann es sich nicht nur von Andersartigem unterscheiden, sondern es kann auch anders sein als das Übliche seiner eigenen Art, – eine besondere Geste, ein besonderer Tag, eine besondere Perspektive.

Diese Besonderheit ist nicht primär, jedenfalls nicht allein qualitativer Art. Objektiv läßt sich oft gar kein Unterschied zu anderem erkennen. Meistens kann sich eine derartige Besonderheit herausbilden, wenn das „Normale" eine besondere Vertrautheit gewinnt. Das eigene Fahrzeug, der eigene Computer, das eigene Musikinstrument – das sind für uns nach langem Gebrauch lieb gewordene Gegenstände, die sich eben darum von allem Gleichartigen als besondere absetzen. Daß uns etwas als besonders und so als ein Besonderes unter einer Mehrzahl von mehr oder weniger Gleich-gültigem erscheint, heißt somit zumeist, daß sich eine gefühlsmäßige Beziehung zwischen uns und ihm ergeben hat. Zuweilen gibt man solchen Dingen sogar Eigennamen. (Daß wir sie besitzen, spielt für das, worum es hier geht, höchstens eine untergeordnete Rolle; gleichwohl fällt auf, daß uns ein solcherart Besonderes häufig selbst gehört.)

Das Ding hat eine Bedeutung gewonnen, die uns auf Grund der Situation bzw. gemachter Erfahrungen emotional angeht. In der Dichtung und Literatur erscheint immer wieder die besondere Rose. Man denke an das Liliencron-Gedicht *Ich und die Rose warten* oder an die schon wiederholt erwähnte Rose des Kleinen Prinzen, an die in ihrem Verblättern als Sinnbild des Vergehens empfundene Rose, die geschenkte einzelne Rose, die letzte Rose des Sommers, die Rose auf Rilkes Grabstein und viele andere. Vor dem Hintergrund einer geschichtlich gewordenen, vielleicht „romantisch" zu nennenden allgemeinen Bedeutung dieser Blume kann ein einzelnes Exemplar einen ganz bestimmten besonderen Sinn für uns gewinnen, etwa als geschenkte Rose.

*

Ein Brecht-Gedicht mit dem Titel *An den kleinen Radioapparat* lautet:

> Du kleiner Kasten, den ich flüchtend trug
> Daß seine Lampen mir auch nicht zerbrächen
> Besorgt vom Haus zum Schiff, vom Schiff zum Zug
> Daß meine Feinde weiter zu mir sprächen
>
> An meinem Lager und zu meiner Pein
> Der letzten nachts, der ersten in der Früh
> Von ihren Siegen und von meiner Müh:
> Versprich mir, nicht auf einmal stumm zu sein!

Die Besonderheit des kleinen Radios wird hier nicht eigens als eine solche angesprochen, doch sie trägt die Verse im Ganzen. Die Einzigkeit ergibt sich zum einen aus seiner Funktion, daß der Flüchtling durch dieses Ding die jeweils letzten verhängnisvollen oder auch beruhigenden Bewegungen an der Front hören kann. Aber das genügt noch nicht, die Nachrichten könnten vielleicht noch anders übermittelt werden. Entscheidend wurde der kleine Apparat dadurch zu einem besonderen, den Autor im Tiefsten angehenden Gegenstand, daß er zu einem Begleiter auf der Flucht, daß er zu einem Teil seiner schmerzhaften Geschichte wurde, die jetzt seine schmerzhafte Gegenwart ist. Man kann auf der Flucht nicht viel bei sich tragen. Aber das kleine Radio gehörte für Brecht zum Lebenswichtigen, weil es die Sprache des Verhängnisses war, die zu hören die Voraussetzung seines Weiterlebens wurde. Der Radioapparat ist ein Organ des Sprechens. Er erwartet ein Hören und Aufmerken. Wenn er stumm werden, damit sein Eigensein verlieren würde, wäre das in Brechts Situation der Verlust einer Welt, in der ein Leben noch möglich ist. „Versprich mir, nicht auf einmal stumm zu sein!"

Im Vergleich mit den Gedichten über oder auf besondere Bäume oder auf besondere Blumen scheinen die „technischen" Dinge in der Dichtung kaum eine Rolle zu spielen. Es gibt in der deutschen Literatur, soweit ich sehe, bemerkenswert wenig Gedichte, die sich auf technisch gefertigte Dinge in ihrer möglichen Besonderheit richten, abgesehen von einer ästhetisierenden, zuweilen erotisierenden oder mythologisierenden Verherrlichung des Autos, des Flugzeugs oder der Eisenbahn in der Frühzeit der technisierten Verkehrsmittel. Hierzu zwei Beispiele:

An ein startendes Flugzeug

Da stehst du in nächster Nähe
Vor mir, stumm, starr, dumm und grau.
Torkle davon, du listige Krähe,
Töff töff und surr und dann auf in das Blau.

Weiß ich doch, daß du ganz genau weißt,
Was du zu tun hast, damit du fliegst.

Wenn du so leicht in den Lüften kreist,
Ein wenig wippst und ein wenig dich wiegst,
Fehlt nur noch, daß du trillerst und singst
Wie ein Vogel im erdfernen Glück.
Ach dann scheint uns: Am liebsten gingst
Du gar nicht wieder zum Boden zurück.

Um Gottes willen, du Loser, entrinn nicht
Der Erde, die doch menschlich dich schuf.
Überstürz dich auch nicht und besinn dich
Auf unser Vertraun und auf deinen Beruf.
(Joachim Ringelnatz, *Flugzeuggedanken*, 1929)

Und wiederum Brecht:

Singende Steyr-Wägen

Wir stammen
Aus einer Waffenfabrik
Unser kleiner Bruder ist
Der Manlicherstutzen.
Unsere Mutter aber
Eine steyrische Erzgrube.

Wir haben:
Sechs Zylinder und dreißig Pferdekräfte.
Wir wiegen:
Zweiundzwanzig Zentner.
Unser Radstand beträgt:
Drei Meter.
Jedes Hinterrad schwingt geteilt für sich: wir haben
Eine Schwenkachse.
Wir liegen in der Kurve wie Klebestreifen.
Unser Motor ist:
Ein denkendes Erz.

Mensch, fahre uns!!

Wir fahren dich so ohne Erschütterung
Daß du glaubst, du liegst
In einem Wasser.
Wir fahren dich so leicht hin
Daß du glaubst, du mußt uns
Mit deinem Daumen auf den Boden drücken und
So lautlos fahren wir dich
Daß du glaubst, du fährst
Deines Wagens Schatten.

Gewöhnlich sind es Dinge, die man lange gebraucht hat, Möbel, auf denen man immer wieder gesessen hat, Stifte, mit denen man lange geschrieben hat, die für uns so etwas wie einen fast naturhaften, beinahe lebendigen Charakter gewonnen haben; mit den Worten des *Kleinen Prinzen* könnte man sagen, daß man sie gezähmt hat. Dadurch sind sie besondere geworden, auch wenn sie sich äußerlich von anderem ihrer Art nicht unterscheiden. Sie haben ihr Masse- und Waresein hinter sich gelassen. Sein Auto z.B. kann man durchaus, wie man sagt, ins Herz geschlossen haben, wenn man es lange Jahre gefahren und vielleicht ganz besondere Reisen in ferne Länder in ihm gemacht hat. Und als ich jemandem, dem vandalisierende Jugendliche in der Nacht sein Fahrrad zerstört hatten, tröstend sagte, es sei ja auch schon alt gewesen, so daß er sich ein neues anschaffen könne, kam es völlig unvermittelt aus ihm heraus: „Ich habe es aber doch lieb gehabt!“

Ein einzelner Baum

Ein großer blühender Kirschbaum. Er steht in der Nähe eines verfallenen Hauses, das Rotbraun der Ruine fast verborgen zwischen verwilderten Bäumen und wucherndem Gestrüpp. Ein Stück weiter liegen kaum sichtbar zwischen Felsen, Kräutern und Büschen Relikte von Bunkern aus dem letzten Krieg. Ein Stück weiter blicken die paradiesisch gelegenen Betonterrassen von Flak-Anlagen übers Mittelmeer.

Auf einer Wanderung bleibe ich staunend stehen. In dieser dunkel-wilden, auch wegen seiner Vergangenheit eher unheimlichen Gegend halte ich, durch das blühende, von Bienen durchsummte große Weiß dieses Baumes überrascht, berührt an. Ein merkwürdig zuversichtlich anmutendes Zeichen von in sich ruhendem Beisichsein und Unschuld. Ein Landarbeiter stellt sich dazu und wir bestätigen uns gegenseitig unsere Bewunderung für diese Schönheit. Einige Zeit später sehe ich ihn auf einem Dorffest. „Sie sind doch die von dem Baum“, sagt er.

*

Ich will hier nicht über den Baum als eines der bekanntesten Symbole in den mannigfaltigen Mythen und Kulturen der ganzen Welt schreiben, nicht über die Bedeutung der Weltenesche Yggdrasil, der Lebensbäume, der heiligen und geweihten Bäume, des Baumes der Erkenntnis aus dem Paradies. Und nicht über den Stammbaum, die Weihnachtsbäume und Maibäume, über „Luthers Apfelbäumchen“ oder über 1000 Jahre alte Bäume an verschiedenen Orten der Erde. Und ohnehin nicht über die Bäume in den Wäldern, vor denen man, wie der Spruch sagt, diesen selbst nicht sieht, und die knapp 30 % des deutschen Bodens bedecken.

Ich richte mein Augenmerk auf jeweils einzelne Bäume. Ein einzelner Obstbaum auf einer Wiese, eine Wettereiche auf der Bergkuppe. Ein abgestorbener Baum nach einem Waldbrand, der seine schwarzen Äste gegen den Himmel streckt, als wäre das ganze Jahr über Winter. Die alte Dorflinde, die in Liedern besungen wird und um die auf Festen getanzt wurde. Ein einzelner Baum auf einer kleinen Insel vor der Meeresküste. Die riesige Blutbuche im Nachbargarten, Nist- oder Ruheplatz für Elstern, Wildtauben, Turmfalken und Krähen. Es ist merkwürdig, wie oft uns Bäume gerade in ihrer Einzelnheit und Abgehobenheit gegenüber ihrer Umgebung berühren und in der Erinnerung bleiben. Keiner gleicht dem anderen. Jeder hat seine eigene Geschichte und hebt sich auf seine Weise von der Umgebung ab, die ihm seinen eigenen Platz einräumt und fast vor ihm zurückweicht. Diese Bäume haben eine pointierte Eigenheit, sie stehen da wie eine, oder besser: als eine Aussage ihrer selbst.

In einem Dokumentarfilm wird über einen sehr großen, in dörflicher Umgebung stehenden Baum und vor allem seinen Transport berichtet. Ein reicher georgischer Oligarch hatte ihn sich für seine Baumsammlung ausersehen und ließ ihn entlang der Schwarzmeerküste herbeischaffen. (*Trees Floating: die Zähmung des Gartens*, Schweiz 2021) Mit großem technischem Aufwand wurde der Baum mit seinem gesamten Wurzelwerk und dem umgebenden Erdreich auf Tieflader und Frachtschiff von einem Ort am Meer zu einem anderen verfrachtet. Der Baum erleidet die totale Unterwerfung von Naturdingen unter die technische Verfügungsmacht des Menschen, – begründbar nur dadurch, daß sie möglich ist. Absurder noch darum, weil es zu dem, was ein Baum ist, gehört, daß er an seinem Ort wächst und beständig bleibt.

Am eindrücklichsten ist darum vielleicht die Sequenz, als der Baum, aufrecht festgezurrt auf dem Schiff stehend wie auf einer kleinen Insel, über das Meer fährt. Hier wird er in seinem – trotz des Abschlagens einiger seiner zu ausladenden Äste – letztlich unangreifbaren, einsamen Eigensein sichtbar. Vielleicht wird dieses Eigensein erst dann und dort am meisten angegriffen und in Frage gestellt, wenn er schließlich in dem wunderbaren Baum-Park des Oligarchen angekommen ist. Hier ist er im Grunde nichts Natürliches mehr, sondern im doppelten Sinne ein Her-Gestelltes; er ist nicht mehr natürlich aufgewachsen, sondern aufgestellt und ausgestellt wie ein Museumsstück, jedenfalls lediglich ein Exemplar unter anderen Exemplaren. Man fühlt sich erinnert an die Erfahrung, die der Kleine Prinz im Rosengarten mit Hunderten wunderschöner Rosen macht. Seine eigene geliebte kleine Rose auf dem fernen Planeten ist jenen gegenüber ein Eigenes, in seiner Einzigkeit Besonderes.

Es gibt erstaunlich viele Gedichte und Lieder über einen einzelnen Baum. Über den Apfelbaum, die Linde, die Tanne, die Birke. Ein Gedicht von Heinrich Heine lautet:

Ein Fichtenbaum steht einsam
Im Norden auf kahler Höh.
Ihn schläfert; mit weißer Decke
Umhüllen ihn Eis und Schnee.

Er träumt von einer Palme,
Die, fern im Morgenland,
Einsam und schweigend trauert
Auf brennender Felsenwand.

Und ein Haiku von Bashô:

Traurig steht
der einsame Baum –
Blütenschleier im Regen ...

In drei Fällen ist von der Einsamkeit eines Baumes die Rede, obgleich ihn Eis und Schnee oder die brennende Felsenwand, der Regen und sogar der Blütenschleier umgeben. Der eine trauert, der andere steht traurig. Warum? Für die Dichter liegt das wohl an der Einsamkeit selbst, und das heißt an der Besonderheit, in der sie sich dort, wo sie stehen, befinden. Vielleicht erscheint den Dichtern Geselligkeit als ein schmerzlich bewußter Mangel.

Paul Klee hat immer wieder – vor allem einzelne – Bäume gemalt. Caspar David Friedrichs „Der einsame Baum (Dorflandschaft bei Morgenbeleuchtung)“ ist eines seiner bekanntesten Gemälde. Der einzelne Baum – in jenem Film wie in der persönlichen Erfahrung – hat oftmals so etwas wie einen Nimbus, einen eigenen Schein um sich, einen ihm zugehörigen Raum, der ihn aus der Umgebung auszugrenzen scheint. Der einzelne Baum vor meinem Fenster, auf einem Hügel, am See, im Blütenschleier, im bunten Herbstkleid, in schwarzem Kahlsein – das ist jeweils ein besonderes Einzelnes, das in sich ein Eigenes, ein für sich Bestehendes ist.

In der Philosophie wurde der Baum in zwei prominenten Fällen als Beispiel für das sprechende Es-selber-Sein von Seiendem gewählt. Martin Buber beschreibt die vielfältigen Weisen, wie ein betrachteter Baum wahrgenommen werden kann. Die sinnliche Erfahrung seines besonderen Bildes und der Bewegung seines organischen Daseins, die verschiedenen Möglichkeiten seiner allgemeinen wissenschaftlichen Einordnung. Dem stellt er das – „aus Wille und Gnade" – Geschehen eines tatsächlichen Begegnens zwischen mir und dem Baum an die Seite, bei dem alle vorherigen Nuancen des Wahrnehmens erhalten bleiben, dabei aber der Baum selber sich auf mich bezieht, sich mir zu erfahren gibt: „Beziehung ist Gegenseitigkeit". Der Baum „leibt mir gegenüber und hat mit mir zu schaffen, wie ich mit ihm – nur anders." (Martin Buber, *Ich und Du*, in: *Über das dialogische Prinzip*, 14)

Martin Heidegger spricht von einem ähnlichen umfassenden Miteinander. Er geht in seiner Reflexion davon aus, daß der blühende Baum, vor dem wir stehen, und wir unmittelbar, d.h. jenseits aller wissenschaftlichen oder auch erlebnishaften Aneignung, in der „Beziehung zueinander" sind (oder sein sollten und könnten, wenn wir uns nur darauf einließen). „Wir stellen uns, so wie wir sind, nicht bloß mit dem Kopf oder mit dem Bewußtsein, dem blühenden Baum gegenüber, und der Baum stellt sich uns vor als der, der er *ist*." (Martin Heidegger, *Was heißt Denken?*, GA Bd. 8, 44) „Wenn wir dem nachdenken, was dies sei, daß ein blühender Baum sich uns vorstellt, so daß wir uns in das Gegenüber zu ihm stellen können, dann gilt es allem zuvor und endlich den blühenden Baum nicht fallen, sondern ihn erst einmal dort stehen zu lassen, wo er steht." (a.a.O., 46)

*

Der einzelne Baum gibt sich uns in sehr unterschiedlichen Erscheinungsformen. Wenn er blüht – wenn z.B.

ein Kastanienbaum mit seinen weißen Kerzen an einer Straßenecke leuchtet –, ist er ein ganz anderer, als wenn er im Winter mit kahlen Ästen wie ein Zeichen gegen den Himmel steht. Oder wenn Einer, wie Rilke in dem früher zitierten Gedicht *Eingang* dichtet, am Abend hinaustritt und einen schwarzen Baum „schlank, allein" vor sich hin und damit vor den Himmel stellt, so ist dieser wieder ein ganz anderer – „Und hast die Welt gemacht. Und sie ist groß / und wie ein Wort, das noch im Schweigen reift." Ein Baum auf einer Bergkuppe am fernen Horizont ist etwas anderes als ein frisch gepflanztes Obstbäumchen mitten auf einer Wiese. Oder auch diese besondere Erscheinungsweise eines Baumes:

Durch des Abends dunstig roten Nebel
Sahen wir die roten, steilen Flammen
Schwelend schlagen in den schwarzen Himmel.
In den Feldern dort in schwüler Stille
Prasselnd
Brannte ein Baum.

Hochauf reckten sich die schreckerstarrten Äste
Schwarz, von rotem Funkenregen
Wild und wirr umtanzt.
Durch den Nebel brandete die Feuerflut.
Schaurig tanzten wirre, dorre Blätter
Aufjauchzend, frei, um zu verkohlen
Höhnend um den alten Stamm.

Doch still und groß hinleuchtend in die Nacht
So wie ein alter Recke, müd, todmüd
Doch königlich in seiner Not
Stand der brennende Baum.

Und plötzlich reckt er auf die schwarzen, starren Äste
Hoch schießt die Purpurlohe an ihm auf –
Hoch steht er in dem schwarzen Himmel eine Weile

Dann kracht der Stamm, von Funken rot umtanzt
Zusammen.

(Bertolt Brecht, *Der brennende Baum*)

Jeweils ist der einzelne Baum ein für sich sein eigenes Wesen ausdrückendes Ding. Es stimmt: Oftmals sieht man den Wald vor lauter Bäumen nicht. Aber manchmal verhält es sich auch umgekehrt, daß man den Baum vor lauter Wald nicht sieht, z.B. daß man ein Baum-Individuum, das vor einem Waldhintergrund steht, kaum wahrzunehmen vermag, – höchstens im zeitigen Frühjahr, wenn die spezifisch helle Färbung seines Grüns sich von dem der anderen Bäume abhebt. Überhaupt werden ja zu dieser Zeit viele Bäume, die sonst in Gruppen stehen, zu Individuen, weil jeder sein eigenes Frühlingsgrün zur Schau stellt.

Ich habe im Spreewald allerdings auch Kiefernforste gesehen, wo die einzelnen Bäume, trotz ihres Zusammenstehens im Wald oder vielleicht gerade deswegen, als je einzelne beieinander stehen. Das Spiel der Sonnenstrahlen zwischen ihnen hält sie zueinander und auseinander. Das Ganze, das sie gleichwohl auch bilden, ist nicht, wie bei sonstigen Wäldern, zu einem gewissermaßen Ein-förmigen zusammengewachsen, sondern ein vielförmiges Zusammenstehen, ein Zueinandergehören zwar, aber nicht im Sinne eines Übergeordneten, sie Einordnenden.

Zum Abschluß noch ein Baum in einem Gedicht von Rilke:

> Ob auch die Stunden uns wieder entfernen:
> wir sind immer beisammen im Traum,
> wie unter einem aufblühenden Baum.
> Wir werden die Worte, die laut sind, verlernen
> und von uns reden wie Sterne von Sternen, –
> alle lauten Worte verlernen:
> wie unter einem aufblühenden Baum.
>
> (aus: *Dir zur Feier*)

Sinnlich Wahrgenommenes

Vor Jahren habe ich ein Buch mit dem Titel *Unter anderem – die Dinge* geschrieben. Mir ging es darum, zu zeigen, daß wir uns durch die lange abendländische Tradition daran gewöhnt haben, unsere Umgebung als vornehmlich aus „Dingen", nämlich aus Substanzen mit an ihnen vorkommenden Eigenschaften bestehend wahrzunehmen. Was aber sehen wir „wirklich"? Ist es nicht mindestens ebenso das frische Grün eines Haselbaumes vor dem Rotbraun der Rotbuche? Das flammende Rot der Kletterrosen? Das Glitzern der Tautropfen? Hören wir nicht das teilweise brüllende Gemuhe der schwarzen Kühe auf der Wiese nebenan? Das Gurgeln des mächtig vorbeitreibenden Flusses? Das Zugrundeliegende – griechisch: *hypokeimenon*, lateinisch: *substans* – im jeweils Wahrgenommenen, der eigentlich uns begegnende Gegenstand, ist, wörtlich genommen, nicht nur das, was wir grammatisch den Satzgegenstand nennen, sondern es sind ebenso die jeweiligen sinnlichen Bestimmungen und Atmosphären, die Klänge und Gerüche.

Wir *hören* z.B. nicht eigentlich *Dinge*, sondern *Geräusche*. Wir vernehmen nicht den Hund, sondern sein Bellen auf einem fernen Hof, auch wenn wir immer schon mitwissen, daß es das Bellen eines Hundes, also eben *sein* Bellen ist. Dagegen *sagen* wir gewöhnlich, daß wir den Hund hören, wie wir auch sagen, daß wir ihn selbst sehen, und nicht seine Gestalt.

Wir sehen *Dinge*, aber wir tasten widerständige Oberflächen, wir hören laute Geräusche und riechen angenehme Gerüche. Eine über zweitausendjährige dingontologische Gewöhnung läßt uns diese Unterschiede nicht weiter ernstnehmen, da in jedem Fall das grundlegende Fürsichbestehen der Dinge als desjenigen, *was* da jeweils auf unterschiedliche Weise wahrnehmbar ist, unhinterfragt vorausgesetzt wird.

Auch für die Wahrnehmung mit den Sinnen gilt, daß das Besondere und das sinnlich (also nicht begrifflich) Allgemeine nebeneinander stehen. Das Gesumm der Bienen im Lavendelfeld, der Gesang der Grillen am Sommerabend, die Geruchssymphonie im abendlichen Garten, die rote Mauer der aufgeblühten Rosen an der Hecke – das sind sinnliche Gesamteindrücke, bei denen sich den Sinnen sowohl das Ganze als ein Eigenes, als ein besonderes Dieses darbieten kann, wie wir auch, mehr oder weniger deutlich, mehr oder weniger gewollt und bewußt, auf das eine oder andere Einzelne aufmerksam werden.

*

Als Beispiel für sinnlich Wahrnehmbares gehe ich im Folgenden ausführlicher auf *das Hörbare in der Nacht* ein.[1] In der abendländischen Philosophie und Geistesgeschichte ist das Verständnis dessen, was uns begegnet, weitgehend durch das *Sehen* bestimmt sowie durch das *Licht,* das das Sehen erst ermöglicht. Dabei spielt der *Raum* und der räumliche Charakter des Gesehenen eine entscheidende Rolle; wir stellen an dem, was wir wahrnehmen, Größen und Bewegungen fest, Beziehungen mit Abständen, Entfernungen und Zwischenräumen, al-

---

1 Ich greife hier, z.T. wörtlich, auf meinen Aufsatz *Nächtliche Geräusche – Raumerfahrungen in literarischen Bildern* zurück (in: Jürgen Hasse (Hg.), *Gelebter und erfahrener und erinnerter Raum*).

so eine Vielfalt räumlicher Bestimmungen. Daß die Dinge und ihre räumlichen Verhältnisse zueinander auch gehört, gerochen oder ertastet werden können, erscheint demgegenüber als weniger wichtig. Die Kategorien und Begrifflichkeiten, mit denen die Dinge in der lichtmetaphysischen Ontologie erfaßt und beschrieben wurden, ergeben sich teilweise unmittelbar aus dem *gesehenen* Dingraum. Eine Grundvoraussetzung der sogenannten Dingontologie ist, daß die festumrissene, de-finite, gestalthafte Substanz als das maßgebliche Seiende begriffen wird; sein *Wesen* wird in seiner sichtbaren Gestalt oder Form, in *morphe* und *eidos* gesehen.

Die Moderne hat sich in zweifacher Weise von der am Sehraum orientierten Dingauffassung entfernt. Zunächst wurde in der Neuzeit der wahrnehmbare Dingraum zum neutralen isotropen geometrischen Raum nivelliert. Zum anderen wurde dann im vergangenen Jahrhundert diesem „physikalisch-technisch entworfenen Raum" (Heidegger, *Die Kunst und der Raum*, GA 13, 205) der gelebte und gestimmte Raum entgegengehalten. Auch auf das Hören und das Gehörte wurde nun die Aufmerksamkeit gelenkt.

Das im Raum *Gehörte* erreicht uns auf unterschiedliche Art. Sehr allgemein können wir im Hinblick auf meine leitende Frage nach der besonderen Erfahrung von *Einzelnem* zwei Weisen unterscheiden: die weiten, raumerfüllenden und die punktuellen, ortsbestimmten Geräusche. Die ersteren spielen eine besondere Rolle, wenn es Nacht ist und die umgebenden sichtbaren Dinge durch die Dunkelheit weitgehend ausgeblendet sind.

Zwar sind die Geräusche in der Nacht im Allgemeinen nicht prinzipiell anders geartet als am Tag. Aber sie sind, weil sie nicht vom Sehen gestützt, jedenfalls begleitet werden, auffälliger, selbständiger wahrnehmbar. Einerseits kann es da so etwas wie ein – wenn vielleicht auch vielstimmiges – Tönen des nächtlichen Raumes selbst geben. Der Gesang der Frösche in einer lauen Juninacht oder das durchdringende Zirpen der Zikaden im Hochsommer erscheint wie ein Lautwerden der Nacht selbst oder ihres Raumes. Es ist allgegenwärtig, vielleicht einmal stärker, einmal schwächer, auch zuweilen momentan ganz aussetzend, aber wir vernehmen es zumeist nicht als Summe von einzelnen Geräuschen, die von einzelnen Seienden herrührend an unser Ohr dringen. Auch das nächtliche Rauschen des Meeres oder des Windes kann als ein Rauschen der *Nacht selbst* erscheinen. In vielen Gedichten ist, vor allem in der Romantik, vom Rauschen des Waldes oder vom Rauschen der Nacht die Rede. Eichendorff singt: „Und es rauscht die Nacht so leise". Ich denke, daß wir auch dieses allgemeine Rauschen als ein Einzelnes und Besonderes wahrnehmen können, eben indem wir auf es lauschen, auf es als solches hören.

Doch gibt es andererseits schon bei dem nächtlichen Quaken der Frösche manchmal auch so etwas wie ein Hin und Wider, ein Hervortreten und Antworten einzelner Stimmen, wir sprechen vom „Froschkonzert", ohne daß der Eindruck eines einheitlichen Geräuschs getilgt wäre. Nächtliche Vogelrufe, wie das ferne Rufen eines Käuzchens, bringen nicht einen ganzen Raum zum Klingen oder Singen, sondern kommen von einem einzelnen – und sei es auch unbestimmten – Ort zu uns her. Oder sie evozieren die Beziehungen verschiedener Orte in ihren Abständen und Entfernungen von- oder zueinander. Zuweilen scheinen sie in Ruf und Widerruf miteinander zu sprechen. Hundegebell in der Nacht bringt Beziehungen zwischen den einzelnen Höfen und Dörfern einer weiten Landschaft und somit trotz seiner Vielstimmigkeit *ein* Besonderes zum Tönen.

Wie Lichter in der Finsternis aufscheinen, so ertönen einzelne Laute, zuweilen allein, zuweilen hier und dort, dann und wann. Theodor Storm schreibt in der Novelle *Ein Fest auf Haderslevhuus*: „über ihm war so schwere Waldnacht, daß nur wie Tropfen das Mondlicht hie und da hindurchfiel; zu hören war nichts als nur das Knicken des Unterholzes, das er durchschritt, auch wohl das Zirpen einer Eulenbrut." In einem *Nachtgeräusche* überschriebenen Gedicht von Conrad Ferdinand Meyer heißt es:

> Erst das traute Nachtgebell der Hunde,
> Dann der abgezählte Schlag der Stunde,
> Dann ein Fischer-Zwiegespräch am Ufer,
> Dann? Nichts weiter als der ungewisse
> Geisterlaut der ungebrochnen Stille,

Die Stille ist allgemein, sie umfaßt alles rund herum. Aber sie wird gerade dann „hörbar", wenn sie durch das Zwiegespräch von einzelnen Hunden und Glockenschlägen und Fischern an ihren jeweiligen Orten gleichsam ins Schwingen gebracht wurde, wenn dem Umfassenden ihrer weiten Räumlichkeit die besonderen, durch ihre Lautwerdung aufeinander bezogenen Orte voraufgingen. Mit Heidegger könnte man hier sagen, der Raum „entfaltet sich erst aus dem Walten von Orten einer Gegend" (*Die Kunst und der Raum*, GA 13, 208).

Das Horchen und Lauschen auf die besonderen Geräusche in der Nacht kann diese jenachdem als tröstlich oder als unheimlich empfinden lassen. In einem kleinen Text *Geräusche* in seinen *Märchen des Lebens* zeichnet Peter Altenberg die Unheimlichkeit der nächtlichen Finsternis auf: „Die Möbel knackten im Winter um 3 Uhr morgens und ich lag als Kind in Todesangst, in Todesschweiß bis zum Morgengrauen."

Dagegen ist die Dunkelheit „sanft und ausruhend", in der Marcel Proust, wie er auf der ersten Seite von *Auf der Suche nach der verlorenen Zeit* beschreibt, nach einem kurzen ersten Schlaf wachliegt und vor sich hin sinnt: „Ich hörte das Pfeifen der Eisenbahnzüge, das – mehr oder weniger weit fort wie ein Vogellied im Wald – die Entfernungen markierte und mich die Weite der öden Landschaft erraten ließ, durch die sich der Reisende zur nächsten Station begibt". Auch hier gibt es einen weiten Raum, aber er ist lediglich Hintergrund, er „entfaltet sich" durch das jeweilige Pfeifen der Eisenbahn und damit durch die besonderen Orte und Etappen, die die Reisenden zurücklegen oder durchlaufen.

Die einzelnen Geräusche in der Nacht stehen, wie gesehen, oft in ausdrücklichem Bezug zur Stille, die auf sie folgt oder die ihnen voraufgeht und die sie brechen – die klappernden Sandalen, der Schrei des Käuzchens, das Bellen eines Hundes. Manchmal scheint sie auch ungeachtet ihres Lautwerdens oder sogar gerade durch jenes fortzubestehen. „Dann? Nichts weiter als der ungewisse / Geisterlaut der ungebrochnen Stille". Imma von Bodmershof hat das folgende Haiku geschrieben, das eine verwandte Erfahrung zum Ausdruck bringt:

Die Kerze verlöscht.
Wie laut ruft jetzt die Grille
Im dunklen Garten.

Die Kerze verlöscht, es wird dunkel. Die Dunkelheit und die Stille sind eng verschwistert. Wenn das Licht verlöscht, wird die Stille gleichsam sichtbar und aus ihr heraus werden ihre einzelnen Laute hörbar. Die Grille hat vermutlich auch vorher schon gesungen. Für sie ist das Geräusch, das sie macht, nicht an die Dunkelheit gebunden. Aber solange unsere Sinne durch das Sehen jenes begrenzten Bereichs, der durch die brennende Kerze aus dem dunklen Raum ausgeschnitten wird, absorbiert sind, fällt der Ruf der Grille nicht weiter auf; trotz seiner eigentümlichen Penetranz. Doch die trifft das Ohr erst, wenn die Aufmerksamkeit nicht mehr natürlicherweise von anderem festgehalten wird.

Trakl evoziert in sinnlicher Breite dieses Bild:

Sommer

Am Abend schweigt die Klage
Des Kuckucks im Wald.
Tiefer neigt sich das Korn,
Der rote Mohn.

Schwarzes Gewitter droht
Über dem Hügel.
Das alte Lied der Grille
Erstirbt im Feld.

Nimmer regt sich das Laub
Der Kastanie.
Auf der Wendeltreppe
Rauscht dein Kleid.

Stille leuchtet die Kerze
Im dunklen Zimmer;
Eine silberne Hand
Löschte sie aus;

Windstille, sternlose Nacht.

Die Stille der Nacht kehrt ein im Ersterben der mannigfaltigen sinnlichen Bestimmtheiten des schwülen Sommerabends. Ein Geräusch nach dem anderen, eine Bewegung, ein Licht nach dem anderen schwinden in sanftem Decrescendo. Im langsamen Abschied der besonderen Empfindungen breitet sich ganz allmählich, fühlbar, die Ruhe aus, die Ruhe der windstillen, sternlosen Nacht, die in der alleinstehenden letzten Zeile eigens genannt wird. Zeit und Raum werden zurückgenommen in das „Spiel der Stille" (Heidegger, *Unterwegs zur Sprache*, 214).

Die Stille selbst ist erfahrbar als das Besonderssein der Nacht. Sie birgt gleichwohl die Möglichkeit des Auftauchens von Einzelnem: Auf der Wendeltreppe rauscht dein Kleid. Plötzlich, vielleicht vermittelt durch die Nennung der Wendeltreppe, das Innere des Hauses und die persönliche Ansprache – oder auch nur die persönliche Reminiszenz an ein Du. Das nächtliche Rauschen erscheint hier eher ungewöhnlich in der Wahrnehmung eines Einzelnen, mit all seinen ungesagten Implikationen, dein Kleid ...

Und wieder eine Kerze, die das dunkle Zimmer erleuchtet, dann aber gelöscht wird von „silberner Hand" (womit wohl ein silberner Kerzenlöscher gemeint ist). Dann wieder: sternlose, windstille Nacht, Dunkel ohne Sichtbares und Hörbares, ohne Besonderes. Das Hörbare in der Nacht steht an der Schwelle von Seiendem und Nichtseiendem, Vertrautem und Fremdartigem, Realem und Erträumtem, von Rationalem und Irrem wie Irrigem. Das Besondere hat damit teil an jeweils beidem. Darum können in ihm auch Erinnerungen an Vergangenes, Nicht-mehr-Seiendes erstehen.

In einem Gedicht von Eichendorff, das *Lockung* überschrieben ist, heißt es in der zweiten Strophe:

Kennst du noch die irren Lieder
Aus der alten, schönen Zeit?
Sie erwachen alle wieder
Nachts in Waldeseinsamkeit,
Wenn die Bäume träumend lauschen
Und der Flieder duftet schwül.

Die irren Lieder tauchen in der Nacht auf, wenn die Bäume rauschen wie die Nacht und zugleich auf dieses Rauschen selbst lauschen, indem sie zum Träumen erwachen. „Verweile nicht, und sei dir selbst ein Traum" (Goethe, *Sprichwörtliches*). Die irren Lieder erinnern an das irre Singen eines anderen Gedichts von Eichendorff:

Nachts

Ich wandre durch die stille Nacht,
Da schleicht der Mond so heimlich sacht
Oft aus der dunklen Wolkenhülle,
Und hin und her im Tal
Erwacht die Nachtigall,
Dann wieder alles grau und stille.

O wunderbarer Nachtgesang:
Von fern im Land der Ströme Gang,
Leis Schauern in den dunklen Bäumen –
Wirrst die Gedanken mir,
Mein irres Singen hier
Ist wie ein Rufen nur aus Träumen.

Allgemeine nächtliche Stille und einzelner Nachtgesang wechseln einander ab, oder vielleicht eher, sind ineinander verwoben, rufen sich gegenseitig. Wer sich dieser Nacht und ihrem Tönen überläßt, wird träumend in sie und ihr Träumen hineingezogen. Diese Träume sind irr und wirr: „Was sprichst du wirr wie in Träumen / Zu mir, phantastische Nacht?“ fragt der Dichter in *Schöne Fremde*. Die irren Lieder des irren Singens entstammen jener Schwelle von Sein und Nichtsein, von Rauschen und Stille, die durch das nächtlich Besondere evoziert wird. Der Träumende, dessen Irr- und Wirrsein zugleich ein äußerstes Wachsein bedeutet, weil die Dunkelheit seinen Sinnen und seinem Sinn zu äußerster Bewußtheit verhilft, bewegt sich durch die alte und die gegenwärtige Zeit, als wären sie eins. Auch hier schwinden die festen Grenzen und De-finitionen. Zwar lassen sich der Gesang der Nachtigall und das Schauern der dunklen Bäume hören, aber zugleich ist alles Einzelne zurückgetreten in die Stille der Nacht, einer Nacht, die eben durch ihre Stille zu dem Hörenden spricht.

Zum Schluß noch ein Gedicht, in dem auf andere Weise an das Ineinanderverschmelzen von Besonderem und Allgemeinem in der Nacht erinnert wird:

Nachts

Im bangen Zimmer entschlief ich kaum
Und war kaum wieder erwacht:
Kühl blickte der Stern, kühl hauchte der Baum,
Kühl wehte der Wind in der Nacht.
Und immer der Bronnen, der rauscht und quillt,
Als wären, geschehn und vollbracht,
Dein Tag ein Traum und dein Traum ein Bild,
Ein Bild und ein Wind in der Nacht.

(Rudolf Alexander Schröder)

Strukturen

Zuweilen sehen wir ein Besonderes aus dem uns gegebenen Ganzen gleichsam heraus. Oder wir legen es hinein. Wir werden aufmerksam auf eine Ordnung, etwa eine Struktur, die sich erst durch unser Daraufschauen als solche erschließt, obgleich sie zugleich in der Sache selbst schon vorhanden ist. Es liegt hier also am Sehen, das eine gewisse Ordnung, eine gewisse Struktur in der Vielfalt des Gegebenen wahrnimmt. Wenn Monet einmal, ich weiß nicht wo, sagt: „Die Aufgabe des Künstlers besteht darin, das darzustellen, was zwischen dem Objekt und dem Künstler steht, nämlich die Schönheit der Atmosphäre, das Unmögliche", so gehört das jetzt Angedachte vielleicht zum Teil in dieses Zwischen, auch wenn das gesehene Besondere da, wo es sich nicht um Kunst handelt, nicht das Unmögliche, sondern eine eigene Art von Möglichkeit ist.

Eine Holzmaserung, merkwürdige Zeichnungen im Gestein, sich überschneidende Palmenwedel, überraschende Spiegelungen ergeben bei einem aufmerksamen Blick auf sie so etwas wie ein besonderes Bild. Oftmals handelt es sich um Organisches. Wiederholt ist auf die Schönheit einzelner, für sich genommener Pflanzenteile hingewiesen worden – ein Beispiel ist etwa die sich entfaltende Spitze einer jungen Farnpflanze.

Doch so wenig jede Einzelstruktur durch Schönheit zu kennzeichnen ist, so wenig beschränkt sich diese Besonderheit auf Organisches und Natürliches. Auch von Menschen Gefertigtes weist zuweilen erstaunliche Strukturbilder auf. Etwa die Bambusstangen eines Baugerüsts in Äthiopien oder die Stufen von griechischen Theatern. Oder die mit ihren Stufen und Schatten an eine Tuschzeichnung erinnernde Außentreppe aus der Mani.

In all diesen Fällen entstehen gewissermaßen neue Dinge, die doch keine Dinge sind, die sich allein dem Sehen verdanken:

1

2

3

4

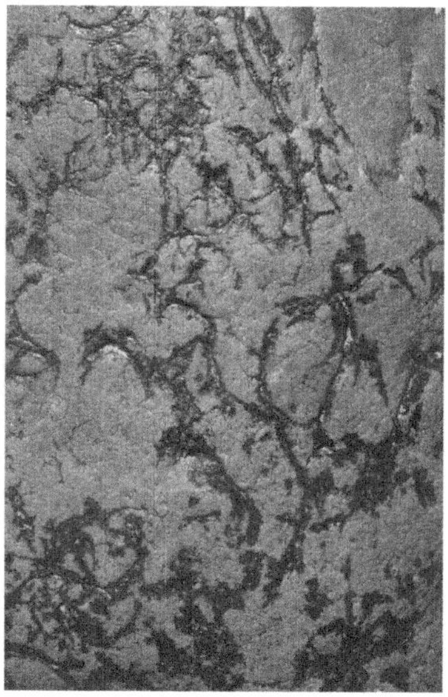

5

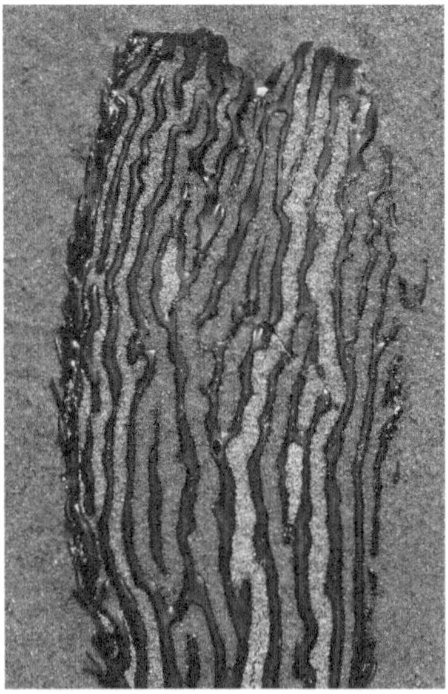

6

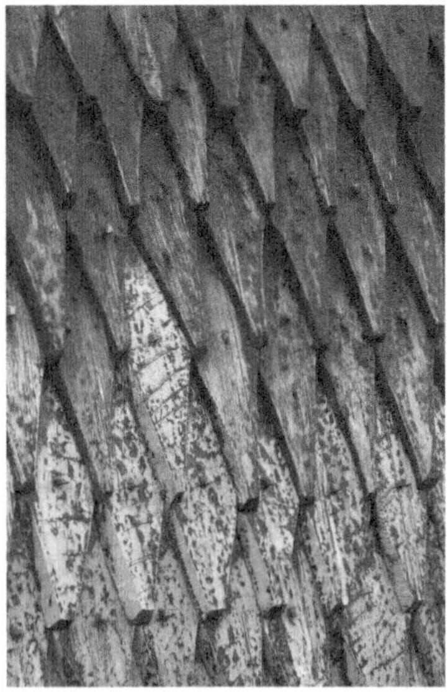

7

8

9

10

11

12

13

14

15

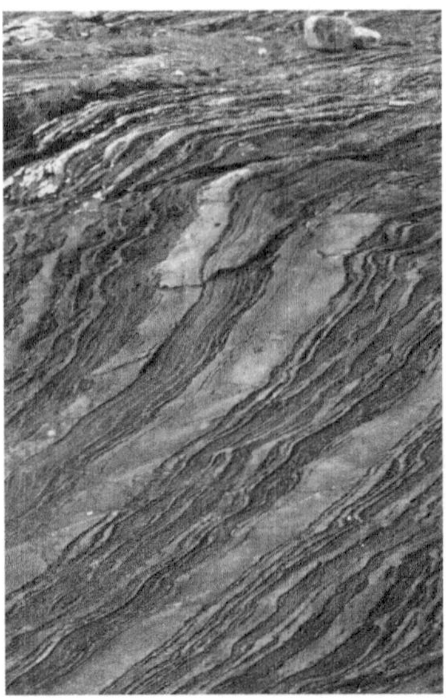

16

17

18

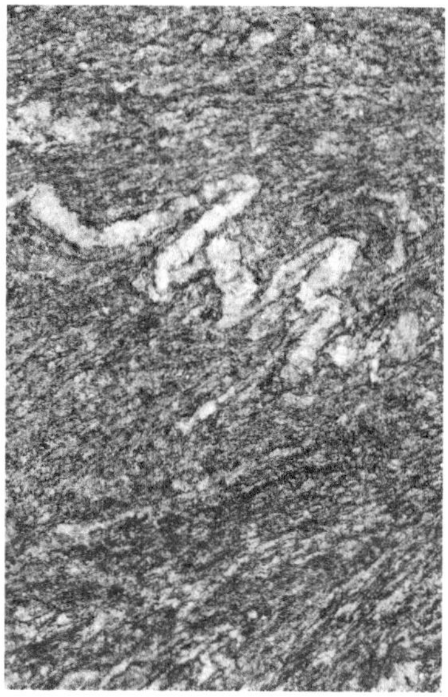

19

20

21

22

23

24

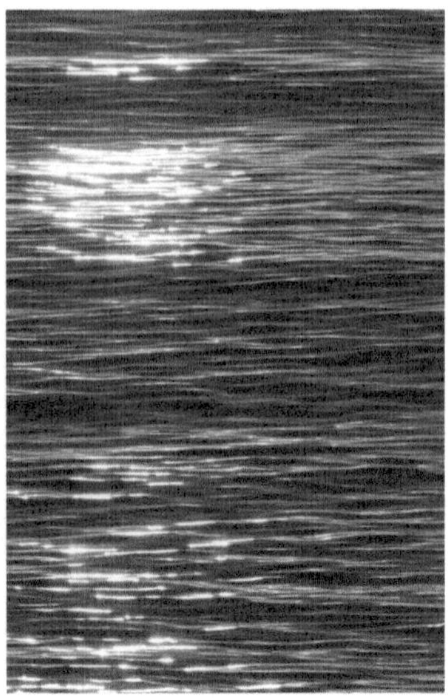

Register der Photos

1. Baugerüst, Äthiopien 2010
2. Strand, Kalifornien 2006
3. Theater, Türkei 2015
4. Stein, Kalifornien, Death Valley 2012
5. Tang, Oregon 2012
6. Stabkirchendach, Norwegen 2017
7. Vögel, Texas 2011
8. Strand, South Carolina 2009
9. Wasserstrudel, Norwegen, Saltstraumen 2013
10. Wüste, Kalifornien, Death Valley 2007
11. Felsen, Norwegen 2014
12. Treppenhaus, Dubai, 2007
13. Kaktusgerippe, Arizona 2011
14. Strand, Kalifornien 2006
15. Felsen, Norwegen 2016
16. Außentreppe, Griechenland, Mani 2015
17. Spiegelung, Bremerhaven 2011
18. Gestein, Norwegen 2014
19. Baumrinde, Texas 2009
20. Palmen, Brasilien 2006
21. getrockneter Salzsee, Kalifornien 2007
22. Felsen, Norwegen 2015
23. Wüste, Kalifornien, Mojave Desert 2007
24. Meer, Griechenland, Samothrake 2015